金井勇人
埼玉大学教授

Business Handbook

ビジネス必携

伝わる文章の裏ワザ・表ワザ

経団連出版

はしがき

私の本業である日本語教師という仕事は、日本語の潜んだルールを取り出して、それを学習者に提示する、ということを任務の一つとしています。例えば

①あの人は責任者です。

②あの人が責任者です。

という2文を比べてみてください。明らかに意味が異なりますよね。でもその違いを説明するとなると、なかなか難しいのではないでしょうか。それは言うまでもなく、母語話者は無意識のレベルで日本語を身に付けているからです（ちなみに①と②の違いについては、本書を通してお分かりいただけると思います）。

さて、このような潜んだルールを知ることは、母語話者にとっても無用ではないのではないか。もちろん母語話者は「無意識に使える」わけですが、でもこのような潜んだルールを意識化することで、自身が文章を書くときに、その魅力を意識的に高めていけるのではないか。日々の仕事の合間に、漠然と考えていました。

そんな折、経団連事業サービス 社内広報センターの月刊誌『Communication Seed』で、企業で社内広報に携わる方々（日々、どうすればよりよく「伝わる」か、ということに心を砕いている方々）を主な読者に、日本語の文章について連載してみないか、という話が舞い込んできました。私にとってはまさに「渡りに船」で、「伝わる文章の裏ワザ」と題して5年間（２０１８年4月〜23年3月）、日ごろの思いを文章化する機会に恵まれました。このたび、連載時の原稿に加筆・修正を施した上で、書籍化に至った次第です。

本書は「1 文法、2 文の構造、3 敬語と丁寧さ、4 レトリックと表現効果」という四つの観点から、それぞれ12項立てにより、合計48の、文章を書く際の「裏ワザ・表ワザ」について論じています。各項では、ビジネスで遭遇し得る様々な場面を素材に、まずルールに無意識に書かれたBeforeを紹介し、その短所を改善する方法を探っていきます。一通り読み終わってルールに意識的になったところで、そのルールを活かして推敲されたAfterでまとめます。筆者としてはできる限り実践的であることを、すなわち今日や明日にも、読者ご自身の文章において応用され得ることを企図いたしました。

『Communication Seed』に書き手として私を推薦してくださったのは、25年来の先輩である国立国語研究所の石黒圭氏です。連載時には経団連事業サービス 社内広報センターの東裕美氏と木本有紀氏に、書籍化にあたっては経団連出版の高橋清乃氏に、大変お世話になりました。妻の泰子には草稿すべてをチェックしてもらい、様々な助言を得ました。記して謝意を表します。読者の方々にとって、本書が「無意識に書く文章から、意識的に書く文章へ」の橋渡しになれば、この上ない幸いです。

2023年6月

金井　勇人

目次

2 文の構造

3 敬語と丁寧さ

4 レトリックと表現効果

表紙カバーデザイン——竹内雄二

1

文　法

1 助詞「は」について

対比の「は」で文意を明確に

Before

最近、市場が冷え込んでいて苦境に立たされていますが、我が社は、撤退を考えておりません。しかしながら、来年度に予定していた製品開発は、すべて実現することができなくなりました。何卒ご了承ください。

会社の現状について、取引先に報告する文章です。心苦しい内容ですが、助詞「は」をうまく使って、微妙なニュアンスを表現してみましょう。

■目的語と「対比」の「は」

今年度も新入社員が職場にやってきました。さっそくですが、自己紹介をしてもらいましょう。

①私は山田と申します。どうぞよろしくお願いいたします。

このときの「は」には、「私」を「他の誰かと対比する」というニュアンスは感じられません。このような「は」を「主題」の「は」といいます。つまり、①では「私」を文の「主題」として提示しているわけです。では、次の「は」は、どうでしょうか。

②明日の会議、みんな出席しないようですが、私は出席します。

この「は」は、「私」を「みんな」と対比しています。つまり「みんなは出ないけど、私は出る」ということですね。このように助詞「は」には「主題」だけでなく、「対比」を表す機能もあるのです。1文中に「は」が2回使われるとき、両者の機能が分かりやすくなります。

③金曜日は太郎は学校へ行かない（けど、花子は行く）。

④太郎は金曜日は学校へ行かない（けど、木曜日は行く）。

この③④を対比すると分かるように、原則的に、最初の「は」が主題を、2番目の「は」が対比を表す、という傾向があります。また「は」が1回でも、主語ではない要素（目的語など）に付いたときは、対比のニュアンスが表れやすくなります。

⑤昨日、果物を買ってきた。今日、みかんを食べた。

この「みかん」は目的語です。この目的語を「は」で表してみましょう。

⑥昨日、果物を買ってきた。今日、みかんは食べた。

こうすると、例えば「りんごは食べていないけど～」のように、他の果物と対比するニュアンスが強く生じますね（他の果物については何も言っていないのに！）。

さて、Beforeの第1文を見てみましょう。

⑦我が社は、撤退を考えておりません。

このように言うと、「撤退」以外の他の行動は暗示されません。そこで、

⑧我が社は、撤退は考えておりません。

としてみましょう。すると、例えば「撤退は考えていないが、縮小は考えている」のように、対比される行動が暗示されてきますね。

「縮小」という言葉は使いたくないが、暗示はしておきたい。そんな微妙なニュアンスを表すのに、「対比」の「は」は有効なのです。

■否定の「ない」と「対比」の「は」

⑨花子「昨日の試験、できた?」

太郎「次郎のように試験勉強をしなかったから、あまり……」

さて「次郎も試験勉強をしなかった」のでしょうか。それとも「次郎は試験勉強をした」のでしょうか。実は、どちらの解釈も可能ですよね。つまり、太郎の回答は多義的なわけです。

後者(次郎は試験勉強をした)の意味に限定するには、どうすればよいでしょうか。そのときに役に立つのが、やはり「対比」の「は」です。

⑩次郎のようには試験勉強をしなかったから、あまり……

こうすれば「優等生の次郎のようには勉強しなかったけど、申し訳程度には勉強した」のように、

「対比」の効果で、意味を限定できますね。
それでは、Beforeの第2文を検討してみましょう。
⑪来年度に予定していた製品開発は、すべて実現することができなくなりました。もし、新たな製品開発がゼロになるのであれば、それは大変なことです。でもこの文は、そう解釈されても仕方ない、多義的な文です。そこで、
⑫来年度に予定していた製品開発は、すべては実現することができなくなりました。
としてみます。すると、「すべては実現できないが、8割程度は実現できる」のように、「対比」の効果で、「ゼロ」の解釈は不可能となりますね。
特に、文中に⑨の「ように」や⑪の「すべて」などの副詞句があり、その文が否定（～ない）で終わるときに、多義的になる傾向があります。そんなときは、「対比」の「は」で文意を明確にしておかないと、あらぬ誤解を生じかねないのです。

After

最近、市場が冷え込んでいて苦境に立たされていますが、我が社は、撤退は考えておりません。しかしながら、来年度に予定していた製品開発は、すべては実現することができなくなりました。何卒ご了承ください。

2 助詞「が」について

「が」が連続すると読みにくい

Before

毎年恒例の春の運動会、うちの課からも選手を出したいですね。田中さんがスポーツが得意ですので、今年も出場してくれるように頼んでみます。昨年の運動会では、田中さんが佐藤係長が持っていた記録を破って、優勝したんですよ。

運動会の選手として田中さんを推薦する文章です。助詞「が」が連続して読みにくい箇所が二つあります。どうすればいいでしょうか?

■「排他」を表す助詞「が」

他部署（営業部）への手紙が紛れ込んでいたので、それを届けに行く、という場面を考えてみましょう。ただしあなたは新入社員なので、営業部の人たちの顔が分かりません。

①あなた「営業部への手紙をお届けに参りました。え～と、石井さん宛てなんですが……」

石井さん「あ、私が石井です」

このときの「私が石井です」からは、「あの人ではなく、この人でもなく、私が石井です」という感じを受けませんか。このニュアンスのことを「排他」と呼びます。このように助詞「が」は、文脈によっては「排他」を表すことができるのです。

②あ、猫が寝ている！

この話し手は見たままを述べただけで「犬ではなく、ウサギでもなく、猫が寝ている」というニュアンスはありませんね。この②と比べてみれば、①の「排他」も分かりやすいと思います。

さて、①の「私が石井です」という文、「私」と「石井」は位置を交換することができます。

③石井さん「あ、石井は私です」

いかがですか。③は「石井は、あの人ではなく、この人でもなく、他ならぬ私なんです」という意味を表していますね。つまり①と③は、同じ場面で同じ意味を表せるのです。このとき、「が」と「は」は交替します。これを一般化すると、「XはYである」と「YがXである」とは基本的に同義である、ということになります（Xに「石井」を、Yに「私」を代入してみてください）。

さてここで、Beforeの第2文を見てみましょう。

④田中さんがスポーツが得意ですので～

この最初の「が」は「排他」を表します。「佐藤さんではなく、山田さんでもなく、田中さんがスポーツが得意です」というニュアンスですね。でも④は「が」が連続していて、ちょっと読みにくくいかもしれません。そこで「田中さん」と「スポーツが得意」の位置を交換してみましょう。

⑤スポーツが得意なのは田中さんですので〜

こうすれば、同じ意味を表しつつ、「が」の連続を回避でき、より読みやすくなりますね。

■「が」は「の」に変えられる？

今日は朝から雨が降っていて、何となく憂うつです……。

⑥雨が降る日は気分が晴れない。

　雨の降る日は気分が晴れない。

これらは、どちらも自然な文です。でも、どうして「雨が降る日」だけではなく、「雨の降る日」でも大丈夫なのでしょうか。それは「名詞修飾節」だからです。まず「雨の日」という名詞句があり、そこに「雨」と「日」の関係を詳述するために「降る」が挿入される、と考えてみてください。

⑦雨の日→雨の「降る」日

これに対して、名詞修飾節を含まない文では、「が」を「の」に変更することはできません。

⑧あ、雨が降ってきた！

　×あ、雨の降ってきた！

このように「名詞修飾節」の場合のみ、「が」と「の」が交替可能になるという現象が起きるのです。この現象は「ガノ交替」などと呼ばれています。

Beforeの第3文を検討してみましょう。

⑨田中さんが佐藤係長が持っていた記録を破って、優勝したんですよ。

うーん、「が」が連続して、ちょっと読みにくいですね……。このときの「佐藤係長が持っていた記録」は名詞修飾節です。したがって、「が」を「の」に変更することができます。

⑩田中さんが佐藤係長の持っていた記録を破って、優勝したんですよ。

⑨では「が」が連続していましたが、その連続を回避した⑩は、やはり読みやすく感じられます。

あるいは「佐藤係長が持っていた記録を田中さんが破って」のように語順を変えるという修正法も有効ですね。この場合、「佐藤係長が〜」と「田中さんが〜」は「節」が異なるので、読みにくくならないのです。

文章を書いていて、「が」の連続に気づいたら、それは読みにくさのサインかもしれません。

After

毎年恒例の春の運動会、うちの課からも選手を出したいですね。スポーツが得意なのは田中さんですので、今年も出場してくれるように頼んでみます。昨年の運動会では、田中さんが佐藤係長の持っていた記録を破って、優勝したんですよ。

3 助詞「を」について
その「を」は本当に必要？

Before

先日お伺いをした新製品の件ですが、その後、進捗状況はいかがでしょうか。ご一報をいただけますと幸いに存じます。この新製品の発表は、我が社の技術力を業界全体に向けてアピールをする、絶好の機会です。完成を楽しみにしております。

企画の進捗状況を尋ねる文章です。一見して、ちょっとくどい感じがしませんか。それは「を」が多いことと関係あるかもしれません。

■対象を強調しすぎる「を」

格助詞の「～を」は、「～」が動作の対象であることを表します。

①本を読む。
　ご飯を食べる。

このような通常の「を」にはくどい感じはしませんが、次のような「を」はいかがでしょうか。

②最後まで力の限り、お訴えをしてまいります。

選挙演説などで（よく？）耳にするフレーズです。動詞の部分だけを取り出すと、

③お訴えをする。

となります。確かに、「お訴え」を動詞「する」の対象と捉えれば、間違いではありません。でも、くどいですよね。なぜかというと、「訴える」と簡潔に言えば済むからです。

演説者としては、わざわざ「を」を挿入して「お訴え」を強調しているのでしょう。その思いは十分に分かるのですが、くどさが勝ってしまったら、逆効果かもしれません。ここは

④最後まで力の限り、訴えてまいります。

で十分ですし、すっきりしますね。こうした表現は、謙譲表現のときに目立つように思われます。

Beforeの第1文と第2文を見てみましょう。

⑤先日お伺いをした新製品の件ですが、進捗状況はいかがでしょうか。

⑥ご一報をいただけますと幸いに存じます。

これらにも余計な「を」が入っています。そこで、通常（の謙譲語）の形式「お／ご〜する」に戻してみます。

⑦先日お伺いした新製品の件ですが、進捗状況はいかがでしょうか。

⑧ご一報いただけますと幸いに存じます。

こうした方が簡潔で、むしろ心地よいですね。心地よさは、印象の柔らかさにつながるでしょう。

■1文に二つの「を」はダメ？

では次に、Beforeの第3文です。

⑨我が社の技術力を業界全体に向けてアピールをする、絶好の機会です。

長い文なので見過ごしてしまいがちですが、⑨には「を」が2回登場しています。注意深く読んでみると、やはり不自然ですよね。もしこれが短い文であれば、すぐに気がつくでしょう。

⑩×技術力をアピールをする。

今、Wordでこの文章を書いているのですが、⑩の二つの「を」には注意喚起の下線が引かれました（ちなみに長い⑨では引かれません！）。1文に二つの「を」は、原則的に非文法的、あるいは不自然となるのです。

（＊）似たような例として「壁を塗る／ペンキを塗る」はOKなのに、「壁をペンキを塗る」はNGという現象があります。この場合「壁をペンキで塗る／壁にペンキを塗る」のように、どちらかの「を」を別の格助詞にして、文中の「を」を一つにしなければなりません。

（＊）「傘をさして雨の中を歩いた」という文では、「（傘）を」は目的格を表しますが、「（雨の中）を」は目的格ではなく、「通過域」を表しています。このような場合は非文法的にはなりません。つまり、この規則をより正確に言うと、「1文に二つの目的格の「を」を用いることはできない」ということになります。

⑨における書き手の心境は「我が社の技術力」と「業界全体に向けたアピール」の、どちらにも「を」を付けて際立たせ、どちらも強調したい、というものでしょう。その気持ちは分かります。でも、1文に二つの「を」を用いることはできませんので、工夫して一つにしてみましょう。

⑪我が社の技術力を業界全体に向けてアピールする、絶好の機会です。

⑫我が社の技術力の業界全体に向けたアピールをする、絶好の機会です。

こうすると、文の構造がすっきりして読みやすくなりますよね（ただし⑫は、名詞修飾が長くて、それはそれで読みにくいですが……。語順を変えて「業界全体に向けた我が社の技術力のアピール」とした方がよいかもしれません）。

対象を強調する「を」は、思い入れが強いほど、つい余計に挿入してしまいがちです。話し言葉では仕方ない面もありますが、書き言葉ではしっかりとチェック（を）したいですね。

After

先日お伺いした新製品の件ですが、その後、進捗状況はいかがでしょうか。ご一報いただけますと幸いに存じます。この新製品の発表は、我が社の技術力を業界全体に向けてアピールする、絶好の機会です。完成を楽しみにしております。

4 助詞「に」について

「に」と丁寧さの関係

Before

ご無沙汰しております、A社の田中です。山田部長は、ますますご清祥のことと存じます。実は製品Zの開発の件、ちょっと行き詰っておりまして、もしお時間が許せば、今後の方針について、山田部長とご相談させていただきたいのですが……。

A社の田中さんがB社の山田部長に送ったメールです。助詞「に」を上手に使うと、より丁寧になるのですが、どのように改善すればよいでしょうか？

■「に」で相手を「場所化」する

畏まった挨拶文の冒頭では

①貴殿におかれましては、お元気でご活躍のことと存じます。

などと書きますが、これは要するに

②貴殿はお元気でご活躍でしょう。

という意味ですね。もちろん①の方が丁寧ですが、それはなぜでしょうか。

日本語には、相手への「あからさまな言及」は失礼である、という原則があるようです。例えば電話の相手に

③あなたはどちら様ですか。

などと尋ねると、とても失礼になってしまいます。そこで実際は

④え〜と、あの、どちら様ですか。

のように、「あなた」を「省略」して尋ねるしかありませんね。

（＊）二人称名詞は、相手への「あからさまな言及」の最たるものと言えるでしょう。しかしながら、「きみ／おまえ」とは違って「あなた」は文体的に丁寧なのに、それでも使いにくいというのは不思議なことです。電車で忘れ物をした乗客Aに向かって、乗客Bが「お客さん、忘れ物ですよ」と声をかけた（B自身もお客さんなのに……）、という笑い話を聞いたことがありますが、これも要するに「あなた」が使えないからですね。この点、英語のyouとは大きく異なっています。

その他、人を場所として扱う「場所化」という方法もあります。先の①では「貴殿」を「場所化」して、相手への「あからさまな言及」を避けています。「貴殿という場所においてお元気でご活躍のこと」という様子が存在する」という婉曲的な表し方で、丁寧さを高めているわけです。

さて、Beforeの第2文を見てみましょう。

⑤山田部長は、ますますご清祥のことと存じます。

ここで、場所を表す「に」を挿入して、山田部長を「場所化」してみましょう。

⑥山田部長には、ますますご清祥のことと存じます。

「におかれましては」ほど畏まりたくないときでも、「に」だけなら、もう少し気軽に丁寧さを高めることができて、便利ですね。

■助詞「に」と「と」の違いとは？

⑦太郎「昨日、レストランで映画俳優の木村正広と会ったよ」

花子「あ、そうなんだ！　でも、なんか知り合いみたいな言い方ね〜」

なぜ花子さんは「知り合いみたいな言い方」と感じたのでしょうか。

⑧私は将来について良子と話した（○話し合った）。

⑨私は将来について良子に話した（×話し合った）。

この2文を比べると、⑧では「話した」を「話し合った」に置き換えられるのに対し、⑨では置き換えられない、ということが分かります。つまり、助詞「と」は双方向的な関係を、助詞「に」は一方向的な関係を、それぞれ表すのです。

「と」の「双方向的」という性質から、⑦において花子さんは「知り合いみたいな言い方」と感じたのでしょう。でも実際は、知り合いなどではなく、太郎君がレストランで偶然に見かけた木村正広に声をかけ、サインをお願いしただけのようです。そんなときは、

⑩昨日、レストランで映画俳優の木村正広に会ったよ。

の方が正確な描写でしょう。これは微妙なニュアンスの違いではありますが、敬語表現が関係してくるBeforeの第3文においては、もう少し切実な使い分けが求められそうです。

⑪今後の方針について、山田部長とご相談させていただきたいのですが……。

これでは双方向的な（対等な）関係にあるかのようです。でも実際は、「田中さんが山田部長に助言をもらう」一方向的な関係のようです。その場合は、

⑫今後の方針について、山田部長にご相談させていただきたいのですが……。

とするのが、妥当な描写でしょう。また、こうすれば謙譲的な態度も表すことができ、より丁寧な表現になります。丁寧さは、決して敬語の「専売特許」ではありません。以上のように、助詞の選択も大いに関係しているのです。

After

ご無沙汰しております、A社の田中です。山田部長には、ますますご清祥のことと存じます。実は製品Zの開発の件、ちょっと行き詰っておりまして、もしお時間が許せば、今後の方針について、山田部長にご相談させていただきたいのですが……。

5 名詞をつなぐ「の」について

「の」の多用と多義

Before

業界では新製品が続々と登場しており、当社も負けていられません。A社の、新製品の、半導体メーカーの、技術者は、とても優秀だそうです。ぜひ先方にお話を伺いたいので、当社の訪問をお願いしているところです。

「A社の、新製品の、半導体メーカーの、技術者」という表現、ちょっと「の」が多すぎませんか。今回は、名詞をつなぐ「の」について考えてみましょう。

■「の」が続くと分かりにくい?

名詞をつなぐ「の」は、とても便利な助詞です。例えば、

①公園の、ベンチで昼寝をした。

といったら、それは「公園にあるベンチで」という意味ですね。つまり「にある」を、たった1字

の「の」だけで表せるわけです。

②ベンチが壊れていて危ないから、修理してもらおう。公園のベンチの会社、連絡先わかる?

これは「ベンチを製造する会社」でしょうか。この場合も「を製造する」を、たった1字の「の」だけで表しています。

③公園のベンチの会社のブランコは、環境と調和している。

さあ、複雑になってきました。これは「会社がデザインしたブランコ」と解釈しておきましょう。「がデザインした」を「の」に置き換えています。実に紛らわしいですね……。

このように、確かに「の」は便利なのですが、頼りすぎると、かえって意味をとるのが難しくなります。①②③においては、場面や文脈の助けを得て解釈が成立しますが、もしそういう周辺情報がなく、単に「公園のベンチの会社のブランコ」だけだったら、ちょっと考え込んでしまうかもしれません。③を「の」に頼らずに書き直すと、

④公園にあるベンチを製造する会社がデザインしたブランコは、環境と調和している。

となります。これなら解釈に迷うことはなさそうですね。さて、Beforeの第2文を見てみます。

⑤A社の新製品の半導体メーカーの技術者は、とても優秀だそうです。

これも③と同じく、すぐに意味をとるのが難しそうです。その理由は「の」が三つ続いているからに他なりませんね。すべての「の」を削除する必要はありません。そこで2番目を消して、「の」が連続しないように書き換えてみましょう。

⑥A社の新製品を開発した半導体メーカーの技術者は、とても優秀だそうです。

この方がスッと頭に入ってきます。文章を書くとき、いくつも「の」が続いてしまったら、それは分かりにくい文かもしれません。「の」は便利ですが、頼りすぎると逆効果なのです。

■「の」でつなぐと多義的になる？

「山田さんの写真」という名詞句からは、何をイメージしますか。

⑦太郎は山田さんが大好きで、山田さんの写真を欲しがっている。

すぐに思いつくのは、⑦のような「山田さんが写っている写真」でしょう。でも、それだけではないですよね。

⑧山田さんの写真は、いつ見ても上手だなあ。

といえば、「山田さんが撮った写真」という意味になりますし、

⑨山田さんは有名な鉄道写真のコレクターだ。先日、なんと山田さんの写真を譲ってもらった。

という文脈なら、「山田さんが持っている写真」という意味になります。このように「の」で名詞をつなぐと、多義的になってしまうことがあるのです。さて、Beforeの第3文を見てください。

⑩ぜひ先方にお話を伺いたいので、当社の訪問をお願いしているところです。

ここに含まれている「当社の訪問」という名詞句、これも多義的です。

⑪当社がA社を訪問する。

A社が当社を訪問する。

どちらの場合も「当社の訪問」によって表せてしまいますね。しかしこれでは、誤解を生じかねません。多義性は取り除いておきましょう。⑪のように文の形式にするのも一つの方法ですが、名詞句のままで、もっと簡単な方法があります。

⑫当社への訪問。
　当社からの訪問。

このように「へ／から」という助詞を挿入すれば、「訪問」の方向性が表せるので、多義性が解消できます。ここでは「当社がA社を訪問する」ということにしておきましょう。

⑬ぜひ先方にお話を伺いたいので、当社からの訪問をお願いしているところです。

「の」は便利なので、ついつい多用してしまいがちです。でも一度ふりかえって、多義的になっていないかどうか、チェックしたいですね。

After

業界では新製品が続々と登場しており、当社も負けていられません。A社の新製品を開発した半導体メーカーの技術者は、とても優秀だそうです。ぜひ先方にお話を伺いたいので、当社からの訪問をお願いしているところです。

6 終助詞「よ／ね／よね」について

終助詞で対話らしく

Before

小川さん、2期連続で成績トップと聞きました。謙遜されていますが、これはすごいことです。トップの座にいると、プレッシャーも大きなものがあります。でも肩の力を抜いて、いつも通りに……。新製品の売り上げ、どこまで伸びるか楽しみです。

成績トップとなった小川さんへの「お祝いメール」です。適切な箇所に終助詞を用いて、もう少し「対話らしさ」を出してみましょう。

■終助詞「よ／ね」にも意味がある

花子さんが窓の外を眺めていると、雪が降ってきました。それを部屋の奥にいる太郎君に伝えたいときは、

①太郎君、雪が降ってきたよ。

このように「〜よ」と言います。それでは、もし2人が窓際に並んでいて、雪が降ってきたのを一緒に眺めていたら？　はい、そういうときは、②のように「〜ね」と言います。

②太郎君、雪が降ってきたね。

このことをまとめておきましょう。

③よ：話し手は知っているが、聞き手は知らないことに気づかせる。

④ね：話し手と聞き手が同じ認識・気持ちであることを確認し合う。

終助詞は、聞き手への親しい態度や、話題への関心の強さを表すため、話し言葉で頻繁に使われます。その際には③④で見たように、ある種のメッセージが込められています。終助詞はランダムに選ばれるのではなく、それぞれちゃんと意味があるわけです。

　書き言葉では話し言葉と比べて、終助詞はそれほど頻繁に使われませんが、エッセイ風の文章であれば、それなりの頻度で目にすることでしょう。書き言葉においても、そうやって対話らしさを出すためには、終助詞は有効なアイテムと言えます。

　まず「よ」を検討しましょう。Beforeの第2文を見てください。

⑤謙遜されていますが、これはすごいことです。

小川さんは「2期連続で成績トップ」が「すごいこと」だとは気づいていないようです。そこで、

⑥謙遜されていますが、これはすごいことですよ。

こうすると、小川さんに自身が達成したことの価値を伝えられます。

次に「ね」を検討しましょう。Beforeの第5文を見てください。

⑦新製品の売り上げ、どこまで伸びるか楽しみです。

でも、新製品の売り上げが伸びること、それは小川さんの願いでもあり、書き手の願いでもあります。そこで、

⑧新製品の売り上げ、どこまで伸びるか楽しみですね。

こうすると「ね」によって、小川さんと書き手が同志であり、同じ認識・気持ちを抱いていることを確かめ合えるのです。

■終助詞「よね」の意味は？

「よね」は、単純に「よ」と「ね」を足し合わせたものなのでしょうか。どうもそうではなく、「よね」は第3の意味を持っているようです。

⑨今度の新製品、とってもお洒落ですよね。

この文の意味は「私は今度の新製品をお洒落だと思っています。あなたもそう思っていると思うのですが、それでいいですか」ということですよね。つまり、

⑩よね：私はそう認識しているが、あなたもそうであるか問いたい。

といった意味を表しているのです。Beforeの第3文を見てください。

⑪トップの座にいると、プレッシャーも大きなものがあります。

うーん、何となく偉そうな物言い……。「トップというのは、そういうものだ」と教え諭しているかのようです。そこで、

⑫トップの座にいると、プレッシャーも大きなものがありますよね。

としてみます。すると、「私は小川さんのプレッシャーは大きいと思う。そうでしょ？」というように、「相手の気持ちを汲み取って寄り添う姿勢」を表すことができますよね。

ここで⑪と⑫を比べてみてください。終助詞がない⑪では、書き手の認識を一方的に述べているだけで、読み手が置いてきぼりです。それはある意味、「上から目線」と受け取られかねません。これとは対照的に、適切な箇所に終助詞「よね」がある⑫では、まるで同じ目線で話しかけているような、そんな対話らしさを感じませんか。ここには読み手への配慮があるのです。

会話が話し手と聞き手の共同作業であるのと同様、文章もまた書き手と読み手の共同作業です。自身の文章を読み直して「ちょっと一方的かな」と思ったら、そのときは終助詞の出番ですよ！

After

小川さん、2期連続で成績トップと聞きました。謙遜されていますが、これはすごいことですよね。トップの座にいると、プレッシャーも大きなものがありますよね。でも肩の力を抜いて、いつも通りに……。新製品の売り上げ、どこまで伸びるか楽しみですね。

7 指示詞について（その1）
「この／あの」で臨場感や思い入れを

Before

我が社の新製品ＹＺが話題になっています。先日、ＹＺを展示会に出品したところ、非常に好評でした。我が社のブースに足を運ばれた方々の中には、Ｘ社の会長もいらっしゃったんですよ。

新製品ＹＺについて報告する文章です。指示詞「この」「あの」を挿入すると、よりイキイキした文章となります。どこに挿入すればよいでしょうか？

■臨場感を伝える「この」

真夏の強い陽射しの下、営業で外回り。やっとたどり着いた取引先で、冷たい麦茶をご馳走になりました。社に戻って、この出来事を同僚に話します。

①麦茶を出してくれたんだけど、いや〜、麦茶がおいしくて……

②麦茶を出してくれたんだけど、いや〜、この麦茶がおいしくて……

指示詞「この」が付いているか否かだけの違いですが、①よりも、②の方が臨場感あふれると思いませんか。

そもそも「指示詞」は、現場にあるものを指すために使われます。例えば「財布を見つけた」という場面では、

③この／その／あの財布、誰の？

というように3通り（通称コソア）の指示詞が使われる可能性があります。「この」は話し手の近くに、「その」は少し遠くに、「あの」はもっと遠くに「財布」がある、というように、話し手から対象までの距離を表します。

これを応用したのが、②の「この」です。②の現場に「麦茶」はありませんが、「この」を付けることで、まるで眼前に「麦茶」があるかのような、臨場感あふれる表現になりますよね。暑い盛りにいただいた、一杯の冷たい麦茶に対する感謝の気持ちが、読み手にも伝わってくるようです。

Beforeの第2文を見てみましょう。

④先日、YZを展示会に出品したところ、非常に好評でした。

単に「YZ」というだけでは、少し淡々としているかもしれません。そこで「この」を付けて、臨場感あふれる表現にしてみます。

⑤先日、このYZを展示会に出品したところ、非常に好評でした。

⑤の読み手は、まるで自身が展示会の会場にいて、まさにYZを眼前にしているような、そんな気分を味わえることでしょう。

■思い入れを伝える「あの」

職場では、次のような「あの」が飛び交っています。

⑥上司「あの件、どうなった?」
　部下「すみません、あの件、ちょっと上手く進んでなくて……」

さて、「あの件」とは何でしょうか。⑥の会話を通りすがりに聞いた人には、何のことやら分かりません。しかし⑥の上司と部下は、「あの件」が何を指すのかを知っています。だからこそ、会話が成立するわけですよね。

このように「あの」は、「話し手も聞き手も共通に知っている」ということを意味します。

⑦社員A「今度、木村正広さんが我が社のCMに出るそうですよ」
　社員B「え、木村正広って、あの木村正広?」

「その人、私が知っている映画俳優の木村正広じゃなくて、私が知らない同姓同名の木村正広っていう人かもしれない……」と、Bさんはいぶかしんでいます。そこでBさんは「あの」を付けて、「その人、あなた(A)も私(B)も共通に知っている、有名な映画俳優の木村正広さんよね?」と念のために確認しているわけです。

ところで、「あなたも私も知っている」ということは、当該の会話の前から「あなたも私も知っていた」ということですよね。そのような指示対象には、当該の会話で初めて知った指示対象より、ずっと思い入れが強いわけです。つまり「あの」は、強い思い入れを伝えているのですね。

Beforeの第3文を見てみましょう。

⑧我が社のブースに足を運ばれた方々の中には、X社の会長もいらっしゃったんですよ。

単に「X社の会長」というと、淡々としているかもしれません。そこで「あの」を付けて、「誰もが知る（例えば最先端企業の～）」といった意味を付加してみましょう。

⑨我が社のブースに足を運ばれた方々の中には、あのX社の会長もいらっしゃったんですよ。

こうすると、「そんなスゴイ人が見に来てくれたんだ！」というあなたの驚きや思い入れを、伝えることができるでしょう。

このように、指示詞「この／あの」は、臨場感や思い入れを表すのに最適なアイテムなのです。この便利な指示詞を、有効利用しない手はありません！

After

我が社の新製品ＹＺが話題になっています。先日、このＹＺを展示会に出品したところ、非常に好評でした。我が社のブースに足を運ばれた方々の中には、あのX社の会長もいらっしゃったんですよ。

8 指示詞について（その2）
「その」で多義性を避けて、簡潔に

Before

私には入社以来の友人がいます。友人は私にとって大切な存在です。仕事がうまくいかないときには、親身に相談に乗ってくれます。先日も仕事上の失敗と失敗の原因について話していたら、だんだん解決策が見えてきました。

仕事の悩みを友人に話すという内容ですが、多義的な箇所と、冗長な箇所が一つずつあります。指示詞「その」を使って解決してみましょう。

■**その名詞は一般的？　それとも特定的？**

例えば「人」という名詞は、二つの意味になり得ます。

①人はパンのみに生きるにあらず。
②私の前に座っている人は課長だ。

①の「人」は「人《ひと》一般」を指し、②の「人」は「特定の個人」を指します。つまり、同じ名詞でも使われる文脈によって、「一般／特定」という意味の相違が生じ得るのですね。Beforeの第1〜2文を見てみましょう。

③私には入社以来の友人がいます。友人は私にとって大切な存在です。

第2文の「友人」は、「友人というものは……」のように「友人一般」を指すでしょうか。それとも、第1文の「入社以来の友人」を指すでしょうか。そう、どちらの解釈も可能ですよね。紛らわしいので、

④私には入社以来の友人がいます。その友人は私にとって大切な存在です。

と「その」を挿入してみましょう。すると「入社以来の友人」という意味に確定されますね。「その／それ」などの「ソ系の指示詞」の機能は「前方照応」と呼ばれます。④を例にすると、第2文の「その友人」は、前方（第1文）の「友人」と照応している、ということです。ただし次のような場合は、前方の指示対象と照応させるまでもないので、「その」が不要です。

⑤私の前に座っている人は課長だ。課長はいつも優しい。

⑥私の前に座っている人は課長だ。その課長はいつも優しい。

⑤には「その」がありませんが、「私の前に座っている課長」を指すことができます。それは「課長というものは……」という一般論の解釈が、そもそも文脈的に不可能だからです。このようなときは、「その」が挿入された⑥の方が、かえって冗長になってしまいます。

ちなみに本項小見出しの「その名詞は一般的?」の「その」ですが、これも「名詞一般」ではなく、「あなたが使っている名詞」という特定の意味にする役割を果たしています。先行するあなたの発話に出てきた◯◯という名詞と、小見出しの「その名詞」が照応しているのですね。

■繰り返しを避けて簡潔に

本書の38「文字の種類と配合について」の副題においても、「その」が使われています。

⑦ひらがな・漢字・カタカナと、その印象

ここで「その」を使わないと、どうなるでしょうか。

⑧ひらがな・漢字・カタカナと、ひらがな・漢字・カタカナの印象

もちろん意味的には同じですが、繰り返し部分が長すぎて、とてもとても冗長です。だから、⑦のように「その」という(わずか)2字に圧縮して、簡潔に表現するわけですね。Beforeの第4文を見てみましょう。

⑨仕事上の失敗と失敗の原因について話していたら〜

さすがに⑧ほどではありませんが、これも繰り返し部分(失敗と失敗)が冗長です。そこで2番目の「失敗の」を「その」に置き換えてみると……、

⑩仕事上の失敗とその原因について話していたら〜

「失敗」を繰り返さないだけで、簡潔で読みやすくなりました。ところで、次のような「ソ系の指

示詞」は、いかがでしょうか。

⑪会社にとっての目標と、社員にとっての目標は、同じではない。

⑫会社にとっての目標と、社員にとってのそれは、同じではない。

「それ」による繰り返しには「欧文からの翻訳調」といった香りが漂っています。このような文体については、個人の好みが分かれるかもしれません。筆者個人の感覚では、⑫を多用されると確かに食傷してしまいますが、ときどきであれば、それはそれで味わいのある文体ではないか、と思います。読者の皆さんは、どう感じられますか。

（＊）欧文翻訳調の典型的な例として、無生物主語が含まれる「何が彼女をそうさせたか」という戯曲・映画タイトルが挙げられます。味わい深い響きではありますが、日常生活では「なんで彼女はそんなことをしたんだ?」のように、無生物主語を含まない言い方が、とっさに口をついて出てきますよね。

After

私には入社以来の友人がいます。その友人は私にとって大切な存在です。仕事がうまくいかないときには、親身に相談に乗ってくれます。先日も仕事上の失敗とその原因について話していたら、だんだん解決策が見えてきました。

9 直示表現について
「いま・ここ・わたし」って?

Before

あさって18時より、華道家の山田良子氏を講師に迎え、華道教室を開催します。会場は、このビル7階の会議室です。まだ定員に余裕がありますので、参加希望の方は、私まで御一報ください。本メールは転送自由です。

華道教室の開催を知らせるメールが回ってきました。ただし、この文章には複数の「直示」表現が含まれていて、ちょっとした混乱を招きかねません……。

■「直示」表現とは何か?

オンラインでの授業が終わる間際、

①教師「次の発表してくれる人～」
学生A「あ、私、やります」

教師「え、私っ て誰……?」

このようなやりとりが結構あります。対面の授業では、声がした方向を見れば「私」が誰か分かりますが、オンラインでは不可能だからです。

「私＝学生A」という等式が成り立つのは、あくまで「学生A」にとってのみです。教師にとっては「私＝教師」となります。だから①では、「私って誰……?」となってしまうわけですね。

このように「いつ・どこで・誰が」指示するかによって、指示対象が変わり得るような指示行為を「直示《ちょくじ》」といいます。①は人称にかかわるので、特に「人称の直示」と呼ばれています。直示には他にも「時間の直示／場所の直示」などがあります。

②筆者は今、この原稿を書くのに四苦八苦している。

③花子「もしもし太郎君? 雨が降ってきた! ここまで迎えに来て」

さて、②は事実なのですが、読者の皆さんには「今」が「いつ」であるか分かりませんよね(答えは5月8日16時56分です!)。それは言うまでもなく、筆者が原稿を書いている「今」と、読者の皆さんが本稿を読んでいる「今」では、指している時間が異なるからです。

また③では、あらかじめ行き先を聞いていたならともかく、そうでなければ電話越しに「ここ」と言われても困ってしまいますね。それは花子にとっての「ここ」と、電話の向こうにいる太郎にとっての「ここ」では、指している場所が異なるからです。

つまり直示表現は、発信者(話し手／書き手)と受信者(聞き手／読み手)が「同じ時間／同じ場所」を共有している限りは問題ありませんが、それらがズレてしまった場合、混乱を生じる可能性があるわけです。

■「転送自由」なのに直示表現？

Beforeの文章には「あさって／この／私」という直示表現が含まれています。もしこのメールを最初に受信した人だけが読むのなら、問題は生じないかもしれません。でも転送された人が読むときは、ズレが生じかねません。

④あさって18時

最初のメールは、送信した日に読まれることを前提としているのでしょう。目論見どおりにいけば問題ありませんが、転送までにタイムラグがあれば、日付はズレてしまいかねませんね。

⑤このビル7階

同じビルの同僚あてに発信されたものと思われます。でも、このメールが他のビルの同僚に転送されたら、その人たちにとっては、自身のビルが「このビル」であるわけです。

⑥私まで御一報ください

もし、送信者として「顔見知りの営業部の佐藤さん」を思い浮かべることができれば、問題ありません。でも転送されたメールは、佐藤さんを知らない人が受け取る可能性もありますよね。

こうした混乱を防ぐのは、直示表現のみでは不可能です。そこで直後にカッコを付けて、その中に非直示的な情報を入れておきましょう。これなら、混乱なく伝わるはずです。

⑦あさって（5月10日）18時
⑧このビル（22号館）7階
⑨私（営業部・佐藤）まで

日常会話では、直示表現は必須です。例えば、知らない街で道を尋ねたとしましょう。そのとき「次の角を東へ曲がってください」と非直示的に言われても、その「東」がどちらか分からないのだ！ということは、大いにあり得ることですよね。そんなときは「右へ曲がってください」のように、直示表現でなければ用を成しません。

一方、書き言葉は事情が異なります。それが転送かどうか、というよりそもそも、それがメールかどうかにかかわらず、文章とは「いつ・どこで・誰が」読むか分からないもの。ズレる可能性を考えて、直示表現のみというのは避けたいところです。

After

あさって（5月10日）18時より、華道家の山田良子氏を講師に迎え、華道教室を開催します。会場は、このビル（22号館）7階の会議室です。まだ定員に余裕がありますので、参加希望の方は、私（営業部・佐藤）まで御一報ください。本メールは転送自由です。

10「という」の有無について

「という」が必要なとき、不要なとき

Before

新製品Zには、ピカソという画家の絵を模したデザインを施す予定だと発表したところ、実に様々な反響がありました。中には当社にはふさわしくないコメントも散見されたのですが、一つ一つを真摯《しんし》に受け止めたいと思います。

新製品のデザインについての文章ですが、ここには「という」が欲しい箇所になかったり、要らない箇所にあったりして、誤解を招くかもしれません……。

■知らないということを表す「という」

①太郎「明日の食事会、山田さんという人も参加するみたいだけど、どんな人かな」

花子「一課の山田さん？　とっても楽しい人よ」

太郎君は「山田さん」のことを知りませんね。この「知らない」ということを表すマークが「とい

う」です（話し言葉では「山田さんって人」のように「という」は「って」になります）。

②太郎「明日の食事会、二課の佐藤さんという人も誘っていい？」

花子「ほかの課の人の話も聞きたいから、もちろん大歓迎」

今度は、太郎君は「佐藤さん」を知っていますが、花子さんの方が知りません。このときにも「という」が挿入されています。つまり、こういうことです。相手が知らないときには、相手の立場に立って「知らない情報を急に言ってゴメンね」というニュアンスで、配慮の気持ちから「という」でマークしてあげるわけです。

以上をまとめると、話し手か聞き手のどちらかが対象を知らないときに「という」を使う、ということになります。さて、Beforeの第1文には、

③ピカソという画家の絵を模したデザイン

とあります。でも「ピカソ」は世界的に有名な画家ですから、知らない人はいないでしょう。したがって、③では「という」は不要で、

④ピカソの絵を模したデザイン

これで十分です。逆に、もし③のように「という」があると、「あの有名なピカソではなくて、別の無名な（私が知らない）ピカソという名前の画家がいるのかな」と思わせてしまいます（もちろん、そのような意味であれば「という」は必要です）。

■引用であることを表す「という」

⑤太郎「小川さんから留守電に明日は参加できない伝言があったよ」

花子「あら、それは残念」

う〜ん、「明日は参加できない伝言」って、意味は分からなくはないけど、何かが欠けているような……。そう、欠けているのは「という」です。ここは「という」を挿入して、

⑥明日は参加できないという伝言があったよ。

とするべきところ。小川さんは留守電に向かって、実際に「明日は参加できない」と言い、太郎君はそれをそのまま繰り返しています。すなわちこれは「引用」ですね。このことから「という」には、「引用であることを表す」という機能もあると分かります。さて、Beforeの第2文です。

⑦当社にはふさわしくないコメント

これは二つの意味に解釈可能です。

一つは、例えば言葉遣いが非常に乱暴であったり、いわれのない誹謗中傷であったり、といった「当社の社風にふさわしくない下品なコメント」といった意味。その下品なコメントを、ここには具体的には書けませんが……、内容的には製品Zやピカソとは関係なさそうです。

もう一つは「ピカソは製品Zにふさわしくない」という「引用」の意味。この場合は、内容的には製品Zやピカソについてであって、その誰かが述べたコメントをそのまま文字化しています。

恐らく後者（引用）だろうと推測されますが、⑦では「という」がないと、前者（誹謗中傷）の解

釈も否定できません（むしろその解釈の方が強いかもしれません）。ここは明示的にしておきましょう。

⑧当社にはふさわしくないというコメント

こうすれば多義性が解消されますね。

このように日本語は「対象を知っているか否か」や、「それが引用であるか否か」を「という」の有無で表し分け、情報のやりとりで誤解が生じないようにできているのです。

（＊）「昨日、山田さんに会ったよ」と言われて、自身が山田さんを知らないとき、日本語では「山田さんは誰？」とは返せず、「山田さんというのは誰？」としなければなりません。一方、英語ではWho is Yamada?と返せます（ここには「という」に相当する要素はありません）。この点において両言語のシステムは異なるのです。

After

新製品Zには、ピカソの絵を模したデザインを施す予定だと発表したところ、実に様々な反響がありました。中には当社にはふさわしくないというコメントも散見されたのですが、一つ一つを真摯に受け止めたいと思います。

11 複数形について
そんなに単純ではない複数形「たち」

Before

今度のプロジェクトには、営業課からは課長、および2名の課員たちが参加します。我が企画課からは山田さん、佐藤さん、小川さんです。山田さん、佐藤さん、小川さんには、営業課のニーズをよく聞いてきてください、と伝えてあります。

営業課と企画課によるプロジェクトについての文章です。ここには、複数を表すマーク（たち）をめぐり、考察ポイントが二つありそうです。

■いつでも「たち」は必要なのか？

就職活動をしている母校の後輩が来社しました。その後輩は2名。どのように表現しますか。

①2人の学生が訪ねてきた。

②2人の学生たちが訪ねてきた。

この2文のうち、多くの人は①の方をより自然だと感じるでしょう。それは「複数だと分かっている名詞には、複数を表すマーク（たち）を付けない」というルールが日本語にはあるからです（このタイプはアジアの言語に多いです）。①②では「2人の」という数量詞があるため、「学生」が複数だと分かっています。このようなときには普通、わざわざ「学生たち」とは言わないのです。

一方、その名詞が複数だと分かっていても、複数を表すマークが必要な言語があります（このタイプは欧米の言語に多いです）。例えば英語では、two studentとは言えず、two studentsのように複数を表す「s」を付けなければなりません。②が欧文翻訳調でちょっと不自然な感じになってしまうのは、こうした理由によります。

（＊）「古池や 蛙《かわず》飛び込む 水の音」という俳句における「蛙」は単複を明示していませんが、例えば英語では、「a frog（単数）」か「frogs（複数）」か、どちらか選ばなければなりません。

③学生が部屋に集まってきた。

④学生たちが部屋に集まってきた。

この③④では「2人の」のような数量詞がない点では「たち」が必要だし、動詞「集まる」から複数だと分かる点では「たち」は不要です。したがってこの場合は、「たち」があってもなくても構いません。「たち」がある④も、数量詞も備えている②のようには、うるさくないですよね。

⑤学生が公園を歩いている。

⑥学生たちが公園を歩いている。

この⑤⑥には数量詞がなく、また動詞「歩く」からは単数か複数か決まらないので、「たち」の有無は重要な意味を持ちます。もちろん⑤でも、複数の解釈は不可能ではありませんが、「蛙」と同じく、普通は単数と捉えるのではないでしょうか。したがって、⑥のように「たち」を付けた方が明示的になりますね。さて、こうしたことを前提にして、Beforeの第1文を見てみましょう。

⑦2名の課員たちが参加します。

とありますが、このとき「たち」は要りませんね。「2名の」という数量詞があって、複数であることは自明だからです。したがって、ここは単に

⑧2名の課員が参加します。

で十分。シンプルかつ自然です。

「たち」の「代表者読み」とは？

昔話の「桃太郎」では

⑨桃太郎は、犬と猿と雉とともに鬼ヶ島へ向かった。

わけですが、この文は次のように言い換えられるでしょうか。

⑩桃太郎は、犬たちとともに鬼ヶ島へ向かった。

はい、そうですね。⑨の意味のまま、⑩のように言い換えられます。

ここでまた、英語の複数形と比べてみましょう。英語のdogsは「複数の犬」という意味だけを表

します。ところが日本語の「犬たち」は、「複数の犬」だけではなく、「犬とその仲間たち」という意味も表せるのです。これを「代表者読み」と呼んでおきます。この「代表者読み」ができることは、日本語の複数形の特徴です。さてBeforeの第3文では、

⑪山田さん、佐藤さん、小川さんには、営業課のニーズをよく聞いてきてください～

と全員の名前をまた繰り返していますが、うーん、これではちょっとくどいですよね……。このようなときは「たち」の「代表者読み」で、

⑫山田さんたちには、営業課のニーズをよく聞いてきてください～

とすることができます。こうすれば、繰り返しを避けられて、すっきりした印象となることでしょう。書き手はもちろん、読み手の負担も減少しますね。

複数形の性質など、一見すると単純なようで何の変哲もなさそうですが、よくよく観察してみると、面白い現象が見つかるものです。

After

今度のプロジェクトには、営業課からは課長、および2名の課員が参加します。我が企画課からは山田さん、佐藤さん、小川さんです。山田さんたちには、営業課のニーズをよく聞いてきてください、と伝えてあります。

12 制限的／非制限的修飾について
その名詞句、どちらの意味？

Before

仕事のスキルアップに熱心な社員の皆さんへ。これまで様々なジャンルのセミナーを開催してきましたが、今後は経費削減の一環として、仕事に役立たないセミナーは開催しないこととしましたので、お知らせします。

経費削減の一環として今後のセミナー開催をどうするか、という告知です。でもこの文章、多義的ですね。セミナーはどうなるのでしょうか？

■「小さい象」と「大きい蟻」

次の傍点を付した名詞句では、それぞれ修飾の仕方が異なっています。

①大きい象と小さい蟻では、体重に何億倍の差があるのだろう。

②アフリカゾウに比べれば、アジアゾウは小さい象と言える。

③ジャングルには、体長3センチを超える大きい蟻が生息している。

全般的に「象」は大きいもの、そして「蟻」は小さいもの。したがって、①の「大きい／小さい」は、それぞれ種としての「象／蟻」の特徴を形容しているに過ぎません。ここではすべての「象／蟻」が当てはまるので、こうした修飾を「非制限的修飾」といいます。

一方、②では「全般的に大きい象」の中から「相対的に小さい象」を取り出しています。また、③では「全般的に小さい蟻」の中から「相対的に大きい蟻」を取り出しています。ここではすべての「象／蟻」ではなく、その中の一部だけが当てはまるので、こうした修飾を「制限的修飾」といいます。このように名詞修飾には2種類あるわけですが、どちらの意味であるかは文脈次第です。

もう一つ、より身近な例を見てみましょう。良子さんの誕生日プレゼントについて、花子さんと太郎君が話し合っています。

④花子「良子さんへのプレゼント、何にしようか?」

太郎「彼女が好きなチョコレートは、どうかな?」

このときの「チョコレート」という名詞句は、

⑤彼女はチョコレート全般が好きだ

⑥彼女はすべてのチョコレートのうちの特定の一つが好きだ

という二つの意味で多義的ですね。⑤であればチョコレートなら何でも喜ばれますが、⑥であれば特定のチョコレートでないと喜んでくれません!

（＊）英語ではコンマの有無で制限的修飾か、非制限的修飾かを表し分けるのでしたね。

・Chocolate, which she likes, is delicious.（コンマあり＝非制限的修飾＝⑤の意味）

・Chocolate which she likes is delicious.（コンマなし＝制限的修飾＝⑥の意味）

一方、ここまで見てきたように、日本語では形式的な違いがなく、文脈で判断せざるを得ません。

■セミナー開催の運命は？

それでは、Beforeの第1文の名詞句を検討してみましょう。

⑦仕事のスキルアップに熱心な社員の皆さん

これは次の2通りに解釈できます。

⑧すべての社員はスキルアップに熱心なものだ。（非制限的修飾）

⑨社員の中の一部の人たちがスキルアップに熱心だ。（制限的修飾）

でも会社としては、⑨の意味で受け取られると「社員の多くは熱心でない」となってしまって、それは困ります……。そこで意味を明確にするために、文を二つに分けてみましょう。

⑩社員の皆さんへ。日々、仕事のスキルアップに熱心に取り組まれていることと存じます。

こうすれば、⑧の意味に決まりますね。先述したように、日本語では形式的に書き分けられないので、少々長く説明しなくてはなりませんが、発想を転換すれば、たいした問題ではありません！

さて、⑦以上に現実的に問題となり得るのは、第2文の名詞句でしょう。

⑪仕事に役立たないセミナー

これはどちらの意味でしょうか。

⑫すべてのセミナーは役に立たないものだ。（非制限的修飾）

⑬セミナーの中にも役に立たないものがある。（制限的修飾）

⑫であれば「一切のセミナーを開催しない」という意味に、⑬であれば「セミナーのうち、一部の役に立たないものは開催しない」という意味になりますね。いずれにせよ「経費削減」にはなりそうですから、紛らわしいところです。

⑩の「スキルアップ」と同じく、少々長くはなりますが、ここは誤解を生じないように、はっきり書いておきましょう。とりあえず⑬の意味だとすると……、

⑭仕事に役立つセミナーのみを厳選して開催することとしましたので～

名詞修飾においては（も）、誰がどう読んでも一義的になるような一工夫、それが大切です。

After

社員の皆さんへ。日々、仕事のスキルアップに熱心に取り組まれていることと存じます。これまで様々なジャンルのセミナーを開催してきましたが、今後は経費削減の一環として、仕事に役立つセミナーのみを厳選して開催することとしましたので、お知らせします。

2

文の構造

13 受身について

受身を使って表したいこと

Before

我が社が製品Xを発売する一週間前、ライバル社が競合製品Yを発売しました。ライバル社の動向を注視していなかったことで、部長は製品Xの担当者を厳重に注意し、担当者は落ち込んでしまいました。

この文には、受身（れる／られる）を使うと効果的な箇所が二つあります。それは、どこでしょうか？　また、受身を使うと、どのような効果があるでしょうか？

■「迷惑だなあ」という感じを表す

あなたは遠方への出張で、新幹線に乗りました。目的地までは3時間、ひと眠りしようと思ったのですが……。

①隣の人が大きなイビキをかいたので、ぜんぜん眠れなかった。

②隣の人に大きなイビキをかかれたので、ぜんぜん眠れなかった。
もちろん①と②で表している出来事は同じですが、①は客観的に淡々と述べている印象なのに対して、②では「隣の人がイビキをかいたこと」について「迷惑だなあ」と感じていることが伝わってきますね。もう一つ。
③楽しみにしていたハイキングが、雨が降って中止になった。
④楽しみにしていたハイキングが、雨に降られて中止になった。
このペアも同様です。もっとも「雨」に対して「迷惑だなあ」と怒っても、仕方ないですが……。
①②と③④に共通していることは、何でしょうか。それは、当該の出来事は「話し手とは何の関係もなく起きている」ということです。隣の人は「眠りを妨げてやろう」と思ってイビキをかいたのではありませんし、雨は「中止にしてやろう」と思って降ったのではありませんね。
本当は何も関係がないのに、受身を使うと、あたかも関係があるかのように、そして、その出来事から「迷惑を受けた」かのように、表現できるわけです。

日本語の受身は、全般的に「迷惑」のニュアンスを帯びています（これは日本語に特有で、他言語の受身には、そういうニュアンスはありません）。例えば「太郎が料理を作ってくれた」ことは嬉しいことですが、この同じ出来事を「太郎に料理を作られた」と受身で表現すると、迷惑さが前面に出てしまうのです。ただし「褒める」という動詞は例外とされています。「太郎は花子に褒められた」という文には受身が含まれていますが、ここからは迷惑な感情を読み取れませんね。

さて、Beforeの第1文を見てみましょう。

⑤ライバル社が競合製品Yを発売しました。

このことは、実は「我が社」とは何の関係もなく起きた出来事です。でも、ここで受身を使えば、この出来事に大きなショックを受けたこと（これも一種の迷惑です）を、効果的に表せます。

⑥ライバル社に競合製品Yを発売されました。

■視点を統一して読み手の負担を減らす

ある日の犬と猫の遊びの1コマ。

⑦犬が猫を追いかけました。すると猫が犬をパンチしたので、犬は悔しくてワンと鳴きました。
　その結果、猫は逃げてしまい、犬はつまらなくなって寝てしまいました。

微笑ましい1コマですが、この文章は「犬」の視点と「猫」の視点を交互に繰り返しているので、少し疲れませんか。そこで、より読みやすくするために、「犬」の視点に統一して、描写し直してみましょう。

⑧犬が猫を追いかけました。すると猫にパンチされたので、悔しくてワンと鳴きました。その結果、猫に逃げられてしまい、犬はつまらなくなって寝てしまいました。

いかがでしょうか。このように、受身を使えば、目まぐるしく視点を交替させなくてよいので、読み手の頭の中にスーッと入っていくことでしょう。

あるいは、自分で動画を撮ることを想像してみてください。⑦では、犬と猫のドタバタ劇を遠くから眺めているような構図ですね。でも⑧だと、犬の目に映る景色を中心に、臨場感あふれる動画が撮れるような気がしませんか。

Beforeの第2文を見てみましょう。

⑨ライバル社の動向を注視していなかったことで、部長は製品Xの担当者を厳重に注意し〜

このままだと、「注視していなかった」のは「担当者」で、「厳重に注意した」のは「部長」ですから、視点に一貫性がありません。そこで、受身を使って「担当者」の視点に統一してみます。

⑩ライバル社の動向を注視していなかったことで、製品Xの担当者は部長に厳重に注意されい〜

こうすれば、読み手の負担が少なく、かつ臨場感あふれる描写になりますね。

受身というのは、主語と目的語を入れ替えて、文の構造を変える操作です。でも、いつでもそうしてよいわけではなくて、そうするための適切なときがあるのです。

After

我が社が製品Xを発売する一週間前、ライバル社に競合製品Yを発売されました。ライバル社の動向を注視していなかったことで、製品Xの担当者は部長に厳重に注意され、落ち込んでしまいました。

14 使役について

使役表現は何のため？

Before

お時間のないところ、ご対応を急がせてしまって、まことに申し訳ございませんでした。明日、弊社は休業させていただきますので、明後日、御社に部下を伺わせたいと存じます。

この文では、使役（せる／させる）が3か所で使われていますが、2か所は不適切な使い方かもしれません。それはどこでしょうか？　また、なぜでしょうか？

■上位者に対して行動を指示してもよいか

初夏ですね。職場の室温も少し高くなってきましたが、まだクーラーを入れるほどではありません。そこであなたは、窓の近くに席がある上司に「窓を開けてください」と頼みました。さて、この出来事を同僚に話すとき、どのように言いますか。

①部屋が暑かったから、上司に窓を開けていただいた（もらった）。
②部屋が暑かったから、上司に窓を開けさせた。
③部屋が暑かったから、部下に窓を開けさせた。

①は適切ですが、②は不適切ですね。本来「せる／させる」という使役は、「何らかの行動を指示する」という意味を表し、上位者から下位者に対して使うものだからです。

ただし、部下に対する③でも「偉そうだなあ」という感じは否めません。ということは、上司に対する②が失礼であることは、言うまでもありませんね。

Beforeの第1文を見てみましょう。

④お時間のないところ、ご対応を急がせてしまって～

ここでは使役が用いられています。取引相手（御社）は「直接の上位者」ではありませんが、親しい関係ではない人は「上位者に準じる」と考えられます。私たちは見知らぬ人に話しかけるとき、「です・ます調」で話しますよね。

したがって、ここで使役を用いると「偉そう」なので、避けたいものです。発想を変えて、

⑤お時間のないところ、早急なご対応をお願いしてしまって～

などとするのが穏当でしょう。

なお、「御社に部下を伺わせたい」という表現は、適切と言えます。確かに、③の「部下に窓を開けさせた」は「偉そう」ですが、それは会社の内《ウチ》でのやりとりだからです。会社の外《ソト》の人と話す

ときは、内《ウチ》の人に気を使うと不自然になります。外《ソト》からの電話には「山田部長は今、いらっしゃいません」ではなくて、「山田は今、席を外しております」などと言う必要がありますが、これと同じことです。したがって「御社に部下を伺わせたい」という表現は、外《ソト》を意識した謙譲表現、あるいは丁重表現と捉えることができるでしょう（26「謙譲語について」、27「丁重語について」も参照してください）。

■誰の許可で「させていただく」のか

芸能人の記者会見などで、次のような表現を聞くことがあります。

⑥このたび、○○さんと結婚させていただきました。

これには「ちょっと丁寧すぎるなあ」と感じる人も、実は多いのではないでしょうか。「させていただく」は、字義通りには「自身の行動を許可してもらう」という意味ですね。ですから、例えば

⑦上司「このパソコン、使っていいよ」
　部下「ありがとうございます。使わせていただきます」

といった使用が本来的と言えます。一方で⑥は、「結婚という行動を（皆さんに）許可してもらった」という意味になります。でも、それは考えにくいことなので、不自然に感じられるのです。

恐らく「結婚しました」では丁寧さが弱いと感じて、「結婚させていただきました」を選ぶのだと思われます。芸能人は好感度が重要ですから、仕方ないかもしれません（丁寧すぎても、イメー

ジがアップすることはあれ、ダウンすることはないでしょう）。

Beforeの第2文を見てみます。

⑧明日、弊社は休業させていただきますので～

確かに「休業します」では丁寧さが弱いような気もするので、「休業させていただきます」としたのでしょう。でも、「誰かの許可を得て休業する」わけではありませんね。そこで「させていただく」ではなく、謙譲語（丁重語）の「いたす」を挿入してみます。

⑨明日、弊社は休業いたしますので～

ついでに⑥も修正しておきましょう。

⑩このたび、○○さんと結婚いたしました。

このぐらいが、ちょうどよい丁寧さの表現ではないでしょうか。つまり丁寧すぎても（もちろん非丁寧でも）ダメだということです。

典型的な使役は「犬にお座りをさせた」のようなものですが、こういう丁寧さを考慮しなくてよい場面というのは、社会人生活においてはそうそうないもの。したがって実用面から言えば、使役は「御社に部下を伺わせたい」のような謙譲表現と結びつけて考えるべき文法項目でしょう。

After

お時間のないところ、早急なご対応をお願いしてしまって、まことに申し訳ございませんでした。
明日、弊社は休業いたしますので、明後日、御社に部下を伺わせたいと存じます。

15 使役形の縮約形について
「させて」と「さして」、どう違う？

Before

いよいよ来月、社内「紙飛行機コンテスト」ですね。我が部の紙飛行機、私に作らしていただけませんか。私は子供のころから折り紙が得意で、紙飛行機にも自信があるんです。ビックリするほどの距離、飛ばせてみせますよ！

紙飛行機に自信があるあなた。コンテストに出す紙飛行機を作りたいと申し出ています。ただ、「～して」か「～せて」か、ちょっと気になります……。

■他動詞と使役形（の縮約形）

動詞を使役形にするためには、語幹に「(s)aseru」を接続させます。

①ご飯を食べさせる。(tabesaseru)　本を読ませる。(yomaseru)

一方、「食べさす／読ます」という形も、ときどき目にするのではないでしょうか。これらは使役形の「(s)aseru」を「(s)asu」のように短くしたもので、「使役形の縮約形」などと呼ばれます。

②ご飯を食べさす。(tabesasu)　　本を読ます。(yomasu)

それでは使役形とその縮約形を、「テ形《けい》」(te-form) にしてみましょう。

③食べさせる＋て＝食べさせて　　食べさす＋て＝食べさして

④読ませる　＋て＝読ませて　　読ます　＋て＝読まして

本来の使役形は「～せて」、その縮約形は「～して」となりますね。ここでBeforeの第2文です。

⑤我が部の紙飛行機、私に作らしていただけませんか。

この「作らして」は決して誤用ではありません。が、ちょっと不適切な感じがします。そう、それは縮約形から派生させたため、丁寧さに欠けてしまうからです（36「縮約形について」も参照してください）。やはり書き言葉では、本来の使役形から派生させた方が、ぐっと引き締まります。

⑥我が部の紙飛行機、私に作らせていただけませんか。

■自動詞と使役形（の縮約形）

多くの自動詞には、ペアとなる他動詞が存在します。

⑦窓ガラスが割れる（自）⇕窓ガラスを割る（他）

⑧ドアが閉まる（自）　⇕ドアを閉める（他）

⑦では「割れる」と「割る」が、⑧では「閉まる」と「閉める」が、それぞれペアを構成していま

すね。ただし、これには例外もあります。

⑨果物が凍る（自）⇔ ?? （他）

⑩目が光る（自）⇔ ?? （他）

不思議なことに「凍る／光る」などの自動詞には、ペアの他動詞がないのです（頭の中を探してみてください！）。仕方ないので、他動詞の代わりとして、自動詞の使役形が使われます。

⑪果物が凍る（自）⇔果物を凍らせる／凍らす（自動詞の使役形≒他動詞）

⑫目が光る（自）⇔目を光らせる／光らす（自動詞の使役形≒他動詞）

これは「活用体系に「穴」があって、その「穴」を別の形式が補う」という、興味深い現象です。

（＊）「10以上」は10、11、12……、「10以下」は10、9、8……。「以上」と「以下」は10を含む点で共通し、両者は対義語であると言えます。一方、「10未満」は9、8、7……ですから、10を含みません。では「未満」の対義語は何でしょう？ ないですよね！ したがって「10より大きい」などと表現するしかありません。こんなに身近にも「体系の穴」はあるのです。

ところで、Beforeの第4文「飛ばせてみせます」は適切でしょうか。自動詞の使役形が他動詞の役割を代替するのは、ペアの他動詞がないときでしたよね。しかし自動詞「飛ぶ」には、ちゃんと、ペアの他動詞「飛ばす」があります。

⑬大空に向かって紙飛行機を｛〇飛ばす／×飛ばせる｝。

形が同じなので紛らわしいですが、「飛ばす」は「使役形の縮約形」ではなく、れっきとした他動詞です。したがって⑬では、使役形「飛ばせる」が他動詞を代替しないので、非文法的（×）となります。すなわち「飛ばせる」は、使役としての用法しか持っていないのです。

⑭（バンジージャンプで）太郎が先に飛びたいと言うから、太郎を先に飛ばせた。

「太郎」は心を持つ存在ですから、使役形「飛ばせる」が使えます。しかし、心のない物体である「紙飛行機」には使役形が使えませんので、⑬では「飛ばせる」が使役の意味であったとしても、やはり非文法的（×）になります。

「飛ばせて」の誤りは、「作らして→作らせて」からの類推で、「飛ばして」より「飛ばせて」の方が適切だと考えてしまうからかもしれません。

以上をまとめると、第4文は他動詞「飛ばす」から派生されるので、

⑮ビックリするほどの距離、｛○飛ばして／×飛ばせて｝みせますよ。

となります。今度は「～せて」ではなく、「～して」の方が、ぐっと引き締まりますね。

After

いよいよ来月、社内「紙飛行機コンテスト」ですね。我が部の紙飛行機、私に作らせていただけませんか。私は子供のころから折り紙が得意で、紙飛行機にも自信があるんです。ビックリするほどの距離、飛ばしてみせますよ！

16「ら抜き／さ入れ」について
誤用？　それとも合理的？

Before

先ほど課長が送ってくださったメール、読まさせていただきました。後ほどコメントをお送りしたいと思います。ただ、添付ファイルは開けなくて、見れませんでした。お手数ですが、再送していただけませんでしょうか。

課長から送られてきたメールへの返信です。この文章には「ら抜き言葉」と「さ入れ言葉」が一つずつあります。どう考えればよいでしょうか？

■「ら抜き言葉」は負担を減らすため？

課長と一緒に立食パーティー。テーブルには、おいしそうな海老！

①課長、海老を食べられましたか？

この文、実は三つの意味に解釈できる多義文です。

②尊敬　「お食べになりましたか／召し上がりましたか」という意味
③可能　「海老が嫌いとおっしゃっていましたが、食べることができましたか」という意味
④受身　営業部の山田さんは海老が大好きで、あちこちのテーブルに顔を出しては、海老をつまみ食いしていました。そういう場面における「ああ、課長も山田さんに海老を食べられちゃいましたか……」という意味

このように一段動詞の「られる形」は「尊敬／可能／受身」という三つの機能を併せ持っています（一段動詞とは、否定形で「ない」の直前がイ段かエ段になるもの。「起きる（起きない）／食べる（食べない）」など）。

でも「1形式に3機能」というのは詰め込み過ぎで、①のように多義的になりかねません。そこで「可能」だけでも別の形にして、「られる」の負担を少なくしよう！　こうして「可能」専用の「ら抜き」が登場します。

⑤課長、海老を食べれましたか？

これなら「尊敬／受身」の解釈はあり得ず、瞬時に「可能」であると分かりますね。だから「ら抜き言葉」は、本当は非常に合理的なのです（ちなみに後述する五段動詞は、「書かれる（尊敬／受身）」に対する「書ける（可能）」のように、すでに独自の可能形を持っています）。

ただし、現在は正式には認められていないので、ある程度あらたまった文章では、避けた方が無難であることも確かです。したがってBeforeの第3文は、

⑥添付ファイルは開けなくて、見れませんでした。

と「ら抜き」になっていますが、ここは「ら有り」としておきましょう。

⑦添付ファイルは開けなくて、見られませんでした。

（＊）すでに「ら抜き」は、話し言葉では市民権を得てきましたが、書き言葉でも、認められるのは時間の問題でしょう。言葉自体も言葉への規範意識も、時代とともに変わっていくものですから……。とはいえ、音節数が多い動詞は「ら抜き」になりにくいようです。「みれる／たべれる」は言いやすいですが、「なぐさめれる／やわらげれる」など長くなると、だんだん言いにくくなりますね。

■「さ入れ言葉」は作るのが楽？

次に「さ入れ」を見てみましょう。これは「使役形＋てください／ていただけませんか」といった文型で現れます。

まず、一段動詞において「さ有り」は正式な形です。

⑧見させて／食べさせて（一段動詞）

一方、五段動詞では、本来は「さ」が入りません（五段動詞とは、否定形で「ない」の直前がア段になるもの。「読む（読まない）／走る（走らない）」など）。

⑨読ませて／走らせて（五段動詞）

このように、一段動詞と五段動詞ではルールが異なります。しかし、これではちょっと複雑ですよね。そこで、五段動詞にも「さ」を入れて、ルールを一本化しよう！　ということになります。

⑩読まさせて／走らさせて（五段動詞）

これが「さ入れ言葉」の経緯です。これなら動詞の種類（一段か五段か）を問わず、一律に「させて」を付ければいいので、とても楽ですよね。

ただし、「さ入れ言葉」も現在は正式に認められておらず（こちらは「ら抜き」と違って、浸透するかどうか分かりません）、やはり避けた方が無難です。したがってBeforeの第1文は、

⑪課長が送ってくださったメール、読まさせていただきました。

と「さ入れ」になっていますが、ここは「さ無し」としておきましょう。

⑫課長が送ってくださったメール、読ませていただきました。

誤用とされる「ら抜き／さ入れ」ですが、どちらも実は、それなりに合理的な理由があって生じたものではあるわけです。

After

先ほど課長が送ってくださったメール、読ませていただきました。後ほどコメントをお送りしたいと思います。ただ、添付ファイルは開けなくて、見られませんでした。お手数ですが、再送していただけませんでしょうか。

17 修飾―被修飾のズレについて

文法が厳密すぎると理屈っぽい

Before

この前の日曜日、寝坊しようと思っていたのに、起きるのが早すぎて、6時には朝食を済ませました。それから朝日を浴びながら犬の散歩をして、すっきりした頭で読みかけだった本を読みもしました。早起きは三文の徳ですね。

ある休日の一コマです。この文章には、文法を厳密に適用するあまり、ちょっと理屈っぽい表現が2か所あります。どうすればよいでしょうか?

■「早く起きすぎた」で伝わる?

通常、修飾要素と被修飾要素とは、字義通りに対応しています。

①彼さえ来れば、丸く収まるだろう。(ほかの人はともかく、彼さえ来れば……)

②彼が来さえすれば、丸く収まるだろう。(ほかの行動はともかく、来さえすれば……)

①の「さえ」は「彼」を、②の「さえ」は「来（る）」を、それぞれ修飾していますね。ところが日常会話では、この厳密な対応がズレることがあり得ます。

太郎君と花子さんは、食べ放題のレストランに来ました。1時間後……。

③太郎「ああ、食べすぎたなあ」

花子「本当、たくさん食べたね」

ここで注目したいのは「すぎ（過ぎ）」です。「食べる」行為が続けば、その結果として当然「食べた量」は増えていきます。したがって「食べすぎた」は、「通常より多くの量を食べた」という意味で、「すぎ」は「食べ（る）」を修飾しています。それでは、次はどうでしょうか。

④早く起きすぎた。

「起きる」という行為は1回きりのもので、「起きる」が（短時間に）何回も続くわけではありません。つまり「起きすぎた」は、「通常より起きる回数が多い」という意味ではないですよね。

④の「すぎ」は、字義的には「起き（る）」を修飾しますが、実質的には「早く」を修飾しています。したがって、Beforeの第1文のように

⑤寝坊しようと思っていたのに、起きるのが早すぎて～

とするのが、より正確な表現です。

さて、ここまでの話は「文法」の適用が厳密すぎたようです。読者の方々も、「でも「早く起きすぎた」って普通に言うよね」と思われたでしょう。

はい、それで問題ありません。なぜなら言葉を用いる私たち人間は「思考が柔軟」なので、「早く起きすぎた」を「起きるのが早すぎた」と、無理なく解釈できるからです。

⑥寝坊しようと思っていたのに、早く起きすぎて～

文の構造としては「副詞＋動詞＝早く起きる」が最もシンプルです。だから、シンプルな「早く起きすぎた」は、実は分かりやすい表現といえます。逆に文法を厳密に適用して「起きるのが早すぎた」とすると、構造が複雑（従属節「起きるの」が主節「が早すぎた」に埋め込まれています）だし、ちょっと理屈っぽい感じですよね。

■「本も読みました」で伝わる？

食べ放題のレストランを出た2人の会話の続きです。

⑦太郎「ビールをたくさん飲んだなあ」

　花子「ワインも飲んだでしょ」

今度は「も」です。「も」は「累加」を表します。ただしそのときは、動詞を共有していなければなりません。⑦における「ビール」と「ワイン」の動詞は、どちらも「飲んだ」ですから、その条件を満たしています。それでは、次はどうでしょうか。

⑧犬の散歩をした。本も読んだ。

この「本」は何に累加されるのかというと、その前に行った「犬の散歩」です。でも「犬の散歩をした」と「本も読んだ」では動詞が異なります。したがって、字義通りに解釈すると「本の他に何を読んだの?」となってしまいます……。

より厳密に文法を適用するのであれば、Beforeの第2文のように

⑨朝日を浴びながら犬の散歩をして、読みかけだった本を読みもしました。

としなければなりません。こうすれば動詞（した）を共有でき、「犬の散歩をしたこと」に「本を読んだこと」を累加させられます。

でも「本を読みもした」は、「起きるのが早すぎて」以上に、理屈っぽいですよね。「本も読んだ」の方がシンプルで、ずっと分かりやすい表現です。そこで、

⑩朝日を浴びながら犬の散歩をして、読みかけだった本も読みました。

このように「構造的なシンプルさ」を優先した方が、分かりやすいこともあります。私たちには、多少のズレを補正できる柔軟さがあるので、「本も読んだ」で、ちゃんと伝わるのです。

After

この前の日曜日、寝坊しようと思っていたのに、早く起きすぎて、6時には朝食を済ませました。それから朝日を浴びながら犬の散歩をして、すっきりした頭で読みかけだった本も読みました。早起きは三文の徳ですね。

18 うなぎ文／こんにゃく文について
主語と述語が合っていない？

Before

今度のプロジェクトのリーダーですが、やはり私は小川さんです。彼は実績もありますし、センスも抜群ですから、必ずや素晴らしい成果を出してくれるはずです。彼の創り出す製品は、本当に幸せな気分になりますよね。

新たなプロジェクトのリーダーに小川さんを推薦する文章です。この文章には「うなぎ文／こんにゃく文」という文が混ざっているようですが……。

■「うなぎ文」とは何か？

レストランでの会話です。

①花子「私はオムライスにするわ」
　太郎「じゃあ、僕はウナギだ」

花子さんは「私は（メニューを）オムライスにする」と言っています。この発話は「メニューを」が省略されていますが、まあ、普通の構造の文ですね。

一方、太郎君の「僕はウナギだ」という発話は、字義的には「僕は（人間ではなく）ウナギである」と言っていて、ちょっと普通の構造ではなさそうです。動物が言葉を話すような物語なら、②僕はウナギだ。名前はまだ無い。

のように「僕＝ウナギ」も成立しますが、①のような現実世界では、もちろんそれは無理です。

それにもかかわらず①が通じるのは、この文が「僕はウナギを注文する」を簡略化したものと分かるからです。このタイプの文は「うなぎ文」と呼ばれます。

それでは、「うなぎ文」は文法的に誤っているのでしょうか……？　いえいえ、そんなことはありません。これはれっきとした「正しい」文です。なぜこういう文が可能なのかというと、「は」という助詞は「主題」を表すため、「僕」に関係あることなら何でも述べることができる、それが日本語の文法だからです（この日本語のようなタイプを「主題優勢言語」といいます。例えば韓国語も主題優勢言語です）。

（＊）英語のI am an eel.（僕はウナギだ）という文は、「僕はウナギを注文する」という意味にはなり得ません（英語は主語優勢言語）。両言語の文法は、この点において大きく異なっています。

ただし、①を適切に解釈するためには、「レストランで注文する場面」であると知っていることが必要です。もし場面についての知識がなければ、①の意味なのか、②の意味なのか、特定することはできませんよね。

したがって、聞き手と場面を共有できる会話では、「うなぎ文」が向いています。しかし文章では、基本的に読み手と場面を共有できないので、「うなぎ文」が向かないこともあります。

Beforeの第1文を見てください。
③今度のプロジェクトのリーダーですが、やはり私は小川さんです。
この「私は小川さんです」も「うなぎ文」ですが、ちょっと分かりにくいですよね。ここは簡略化しない方が、読み手には親切でしょう。
④今度のプロジェクトのリーダーですが、やはり私は小川さんを推します。

■「こんにゃく文」とは何か？

「うなぎ文」の仲間に「こんにゃく文」というものがあります。
⑤花子「またこんにゃくゼリー食べてる！」
　太郎「でもこんにゃくは太らないんだよ」
のような文です。まさかこれを聞いて、
⑥こんにゃく（さん）は、スリムな体形を維持している！
などと受け取る人はいないでしょう。

もうお分かりのように、これは「こんにゃくは食べても太らない」を簡略化したもので、「うなぎ文」と同じく、主題を表す「は」によって成立する、れっきとした「正しい」文です。

（＊）お祭しの通り、英語のKonnyaku doesn't get fatという文も、「こんにゃくは食べても太らない」という意味にはなり得ません。これも両言語の文法の大きな違いです。

しかし「こんにゃく文」も、文章では意味が伝わりにくい恐れがあります。Beforeの第3文を見てください。

⑦彼の創り出す製品は、本当に幸せな気分になりますよね。

この「製品は幸せな気分になる」も「こんにゃく文」ですが、やはりちょっと分かりにくいかもしれません。ここも簡略化しない方が、読み手には親切でしょう。

⑧彼の創り出す製品を手にすると、本当に幸せな気分になりますよね。

文章では会話と違って、場面の助けを借りることができません。したがって、その「うなぎ文／こんにゃく文」は適切に伝わるのか、読み手の立場から見直してみることも大切です。

After

今度のプロジェクトのリーダーですが、やはり私は小川さんを推します。彼は実績もありますし、センスも抜群ですから、必ずや素晴らしい成果を出してくれるはずです。彼の創り出す製品を手にすると、本当に幸せな気分になりますよね。

19 自動詞(的な表現)について
カバンに本が入られない?

Before

このたび、○○支店を閉鎖することにしました。これまでのご厚情に対して、心より感謝を申し上げます。移転先については、現在いろいろと探しているのですが、まだ良いところを見つけられません。落ち着いたら、改めてご連絡いたします。

支店の閉鎖と移転を報告する文章です。ここには日本語として「より自然な発想」で表せる箇所が二つあります。それはどこでしょうか?

■その結婚は誰の意志?

①私たち、このたび結婚することになりました。

よく見る挨拶文ですが、この「ことになりました」という表現、自分たちの意志で結婚するんじゃないの?」という(意地悪な!)反論が聞こえてきそうです。でもだからと言って

②私たち、このたび結婚することにしました。

と書いたら、どうでしょうか。今度は「周囲の声を聴かずに、自分たちの意志を貫き通した」という、意図しないニュアンスが生じかねません。難しいところです……。

この事例から分かるのは、日本語は「物事は自然にそうなる」という発想を好む、ということに他なりません。つまり、①は決して「意志を放棄している」のではなく、日本語として自然な発想の表現だということです。これを「自動詞的」と呼ぶことにしましょう（そうすると②は「他動詞的」ということになりますね）。

③お風呂が沸いたよ。（自動詞的）

④お風呂を沸かしたよ。（他動詞的）

昨晩、③④のどちらを言い（言われ）ましたか？　恐らくほとんどすべての人が③でしょう。確かに風呂は勝手に沸くのではなく、人為的に沸かすものですから、厳密には④が正しいはず。でも、そうは言わないのですね。

さて、Beforeの第1文を見てください。

⑤このたび、○○支店を閉鎖することにしました。

確かに「会社の意志で閉鎖する」のですが、特に意志を強調する必要がない限りは、「なる」の方が日本語として自然ですよね。諸々の事情で致し方なく、といったニュアンスも伝わってきます。

⑥このたび、○○支店を閉鎖することになりました。

ちなみに、駅員は通常「ドアが閉まります（自動詞的）」と言いますが、ときどき「ドアを閉めます（他動詞的）」も言うようです。これは、定刻になっても次々と無理に乗ろうとする客を制するために、あえて意志を強調した言い方を選んでいるのでしょう。

■自動詞（的な表現）と可能形

大型の本を買いました。それをカバンに詰め込もうとしたのですが、ちょっとカバンが小さいようです。そんなとき、どのように表現しますか。

⑦あ、本が入《はい》らない……。

⑧あ、本を入《い》れられない……。

「入《はい》る」は自動詞、「入《い》れる」は他動詞です。先に見た「沸く／沸かす」と同じく、この場合も、ほとんどすべての人が⑦のように言うことでしょう。やはり日本語母語話者にとっては、自動詞的な表現がしっくりくるのですね。

さて、ここで一つ気づくことはありませんか。そうです、⑧の他動詞は可能の形式「られ」を含んでいるのに、⑦の自動詞は含んでいない、ということです。とはいえ、⑦を可能形にして、

⑨×あ、本が入《はい》られない……。

とすることは、文法的に不可能です。つまり、こういうことです。日本語の自動詞は「可能の形式を含まずに可能の意味を表し得る」のです。このような現象を「無標識可能」などといいます。無

標識可能は、特に⑦のような否定文で確認しやすくなります。他にも

⑩建て付けが悪くて、ドアが閉まらない（≠ドアを閉められない）。

⑪この汚れ、なかなか落ちないなあ（≠汚れを落とせないなあ）。

といった自動詞文で、不可能の意味を帯びることが観察できますね。

さて、Beforeの第3文を見てください。

⑫移転先については、まだ良いところを見つけられません。

「見つける」は他動詞、それを可能形にしたら「見つけられる」となります。これに対応する自動詞は「見つかる」ですが、この「見つかる」は無標識可能ですね。ここまで見てきたように、無標識可能がある場合は、その方が自然な表現となります。

⑬移転先については、まだ良いところが見つかりません。

自動詞的な表現を好むこと、これは日本語の大きな個性なのです。

After

このたび、○○支店を閉鎖することになりました。これまでのご厚情に対して、心より感謝を申し上げます。移転先については、現在いろいろと探しているのですが、まだ良いところが見つかりません。落ち着いたら、改めてご連絡いたします。

20 語順について
現実を語順に反映させる

Before

「今度の夏休みは海外に行きたい」と口癖のように言っていた花子は、仕事が忙しくて結局どこにも行けなかった可哀そうな課長に、その夏休みも終わり間際に偶然スケジュールが合って実現した良子とのシンガポール旅行について、長文メールで自慢げに報告した。

この文では3人（花子・良子・課長）の出来事が描かれています。登場人物が（1人〜2人ではなく）3人になると、より事態が複雑となり、書き方にも工夫が必要です。そこで今回は、読みやすい語順について考えてみます。

■**読点の挿入か、語順の変更か**

①一週間前に山田さんが買ってきたパソコンが壊れた。

という文の意味を考えてみましょう。「一週間前に」は、最も近くにある動詞「買ってきた」を修

飾する、と受け取られやすいので、通常は
②一週間前に山田さんがパソコンを買ってきた。そのパソコンが壊れた。
のように解釈されます。しかし、
③（例えば半年前）山田さんがパソコンを買ってきた。一週間前にそのパソコンが壊れた。
という解釈も可能ですよね。つまり①は多義文と言えます。どちらの意味であるかを明示的に表すには、二つの方法が考えられます。一つは「読点の挿入」です。
④一週間前に、山田さんが買ってきたパソコンが壊れた。
こうすれば、「一週間前に」が「買ってきた」を修飾することを、読点「、」によってブロックできます。もう一つの方法は「語順の変更」です。
⑤山田さんが買ってきたパソコンが一週間前に壊れた。
こうすれば「一週間前に」は、最も近くにある動詞「壊れた」を修飾することができます。どちらの方法も正解と言えますが、⑤の「語順の変更」について、もう少し考えてみましょう。

■現実の関係性を語順に反映させる

「赤」という字を青色で書いたカードと、「青」という字を赤色で書いたカード。これらを見て何色か瞬時に答えさせると、回答者は混乱してしまうという話を、見たり聞いたりしたことがあると思います（ストループ効果というそうです）。この現象をより一般化すると、「現実と言葉が合っていないとき、人は解釈に混乱をきたす」ということでしょう。これと似たようなことは、実は文章でも起こり得ます。

⑥申請書を送信してください。送信の前に必要事項を記入してください。記入の前に専用サイトにアクセスしてください。

どのような行動をとればよいのか、時間をかけて読み解けば、かろうじて分からなくはないですが……、でも非常に理解しにくい「悪文」です。それは言うまでもなく、とるべき行動が時系列に沿って表現されていないからに他なりません。

⑦専用サイトにアクセスして、必要事項を記入し、申請書を送信してください。

このように時系列的に並べ直しただけで、ぐっと分かりやすくなります。つまり、語や文の順序は現実（の時系列）を反映させた方が、読み手（や聞き手）にとっても自然なのですね。

以上は現実の時系列を語順（文の順序）に反映させた例ですが、次に、現実の登場人物の関係性と語順について検討してみましょう。ちょっと長いですが、Beforeの全文を見てください。

⑧「今度の夏休みは海外に行きたい」と口癖のように言っていた花子は、仕事が忙しくて結局どこにも行けなかった可哀そうな課長に、その夏休みも終わり間際に偶然スケジュールが合って実現した良子とのシンガポール旅行について、長文メールで自慢げに報告した。

これを読むと、一緒に旅行したのは花子と良子で、課長は（もちろん）同行していなかったことが分かります。しかし⑧では、花子と良子の間に課長が割り込んでいて、ややこしくなっています。

理解するまでに二度見（三度見？）してしまいそうです。

そこで「花子＋良子」vs.「課長」という現実の関係性を語順に反映させて、構造をすっきりさせましょう。
⑨「今度の夏休みは海外に行きたい」と口癖のように言っていた花子は、その夏休みも終わり間際に偶然スケジュールが合って実現した良子とのシンガポール旅行について、仕事が忙しくて結局どこにも行けなかった可哀そうな課長に、長文メールで自慢げに報告した。
こうして花子と良子を近づけて、課長を外側に出せば、3人の関係性を瞬時に把握できます。この文は修飾部分を意図的に長くして、わざと読みにくくしたものですが、確かに⑧は「悪文」極まりないものの、⑨は難なく文意を追えますよね。

文章は「現実の縮図」でもあります。「文は人なり」という言葉がありますが、同時に「文は現実なり」といってもよいのかもしれません。

After

「今度の夏休みは海外に行きたい」と口癖のように言っていた花子は、その夏休みも終わり間際に偶然スケジュールが合って実現した良子とのシンガポール旅行について、仕事が忙しくて結局どこにも行けなかった可哀そうな課長に、長文メールで自慢げに報告した。

21 長すぎる名詞句について

文や節を分割すると、よいことがある

Before

おとといA社の部長が提案してきた我が社にとっても起死回生の一手となり得るサプライズ要素満載の新たなプロジェクト、なかなか良いと思います。来月早々に新製品を出すB社の動向も考えると、ぜひ参加すべきではないでしょうか。

新たなプロジェクトへの参加を勧める文章ですが、長すぎる名詞句が二つあって、ちょっと読みにくいですね。どのように改善すればよいでしょうか?

■修飾される名詞を早く知りたい

太郎君と花子さんがケンカしています。その原因は……

①木曜日に太郎君が買ってきて週末のために取っておいたのに花子さんが勝手に飲んでしまったと太郎君が誤解しているワイン

のようです。ところで①は非常に読みにくいですが、それは「名詞句が長すぎるから」でしょう。「木曜日に〜誤解している」の部分が、すべて「ワイン」を修飾しているのです。

ここには問題が二つあります。

一つめは「この文が何について述べているのか、なかなか見えてこない」という問題です。「買ってきて／取っておいた／飲んでしまった」という一連の動詞から、徐々に名詞の候補が絞られていきますが、ちょっとイライラしてしまうかもしれません。

二つめは「解釈が二転三転する」という問題です。「花子さんが勝手に飲んでしまった」まで読むと「あ、花子さんが悪いんだな」と思いますが、さらに「と太郎君が誤解している」まで読むと「あれ、悪いのは太郎君の方だったのか」と解釈の修正を迫られます。これでは読み手にとって大きな負担になってしまいますよね。

こういうときは、思い切って文を分割してみましょう。

②木曜日に太郎君がワインを買ってきて週末のために取っておいた。それを花子さんが勝手に飲んでしまったと太郎君は誤解している。

こうすれば名詞も早めに特定でき、一つ一つの文も短いので「解釈が二転三転する」こともなく、読み手の負担が軽くなります。

さて、Beforeの第1文も同じ問題を抱えています。

③おとといA社の部長が提案してきた我が社にとっても起死回生の一手となり得るサプライズ要

素満載の新たなプロジェクト

これは非常に分かりにくいですね……。そこで、次のように文を分割してみましょう。

④おととい A社の部長が新たなプロジェクトを提案してきました。それは我が社にとっても起死回生の一手となり得る、サプライズ要素満載のもので〜

こうして「プロジェクト」を早めに出せば、ぐっと読みやすくなります。

■その情報、「前提」にしていいの？

Beforeの第2文です。

⑤来月早々に新製品を出すB社の動向も考えると〜

先に見た「プロジェクト」に比べると短く、それほど負担はなさそうですが、ここには別の問題があります。

それは「えっ、B社って来月早々に新製品を出すの？　知らなかった！」という反応もあり得る、ということです（もちろん、この情報が確実に共有されているのであれば、話は別ですが）。

名詞句内の修飾部分は「それが前提であることを伏せたまま、前提として機能」します。したがって、その情報を知らなかった読み手は、「置いてきぼり」にされてしまうわけです。

これを防ぐには「前提のガ」を使います。それは「この情報を前提にしますよ。いいですね？」と確認するものです。電話で

⑥もしもし山田と申しますが、花子さんはいらっしゃいますか。

というときの「が」ですから、実は日常生活においても、たくさん使われています。

（＊）「明日は寒いが、雨は降らない」という文は、「明日は寒い。しかし雨は降らない」のように書き換えられますので、このような「が」を「逆接のガ」といいます。一方、「もしもし山田と申します。しかし花子さんはいらっしゃいますか」というのはナンセンスですから、⑥が逆接を表していないことは一目瞭然です。こういう「が」が「前提のガ」です。

⑦B社は来月早々に新製品を出すのですが、その動向も考えると〜

⑦は「B社は来月早々に新製品を出すのですが、ご存じでしたか？」というようにも展開していく可能性を秘めています。このように「前提のガ」を使って節を分割すると、読み手の知識に配慮しながら話を進めていけるので、読み手を「置いてきぼり」にする心配もありません。

長すぎる名詞句を避けて、文や節を分割すると、よいことがたくさんあるのです。

After

おととい A社の部長が新たなプロジェクトを提案してきました。それは我が社にとっても起死回生の一手となり得る、サプライズ要素満載のもので、なかなか良いと思います。B社は来月早々に新製品を出すのですが、その動向も考えると、ぜひ参加すべきではないでしょうか。

22 分かりにくい複文について

順接／逆接の繰り返しは典型的な悪文

Before

来週には案件Aがまとまるという報告がありましたので、これで見通しが立ちましたから、我々は案件Bに取りかかりましょう。案件Cも重要ですけど、やはり順番どおりに片づけたいと思いますが、先々のアイデアも温めておいてください。

どのような段取りで案件ＡＢＣを片づけていくかを述べています。ただ、順接や逆接が繰り返されていて、ちょっと意味をとりにくいですよね……。

■「単文／重文／複文」とは何か？

文中に述語を一つだけ含むとき、その文を「単文」といいます。

①私は会議に出席した。（単文）

一方、述語を二つ（以上）含む文には「重文」と「複文」があります。

②私は会議に出席し、山田さんは出張に行った。（重文）

ここで注目したいのは、この文は前後を入れ替えられる、ということです。

③山田さんは出張に行き、私は会議に出席した。（重文）

②と③は意味が同じですよね。このような二つの節の重みが均等な文を「重文」といいます。

これに対して、前後を入れ替えられない（あるいは入れ替えると意味が異なってしまう）タイプもあります。

④私は昼食に出かけたので、部内の騒ぎを知らなかった。（複文）

⑤部内の騒ぎを知らなかったので、私は昼食に出かけた。（複文）

④と⑤は使われる文脈や場面、そして意味も、まったく異なりますね。どちらも前半（〜ので）が従属節、後半が主節となっていて、従属節は主節の原因・理由を表す、という関係にあります。したがって④と⑤は、因果関係が逆転するわけです。このようなタイプの文を「複文」といいます。

述語の数とその関係性によって、文は「単文／重文／複文」という三つのタイプに分類されるのです。また、節を結ぶ「ので／から／けど／が」などを「接続助詞」といいます。

■問題は順接／逆接を繰り返す複文

Beforeの複文を見てみましょう。まずは第1文です。

⑥来週には案件Aがまとまるという報告がありましたので、これで見通しが立ちましたから、

我々は案件Bに取りかかりましょう。

⑥は典型的な悪文です。この文が④や⑤と異なるのは、述語が三つあって、その三つが「ので／から」という「順接」のみで結ばれていること。これが分かりにくさの原因です。そこで、最初か最後の節を「単文」として独立させてみましょう。

⑦来週には案件Aがまとまるという報告がありました。これで見通しが立ちましたから、我々は案件Bに取りかかりましょう。

⑧来週には案件Aがまとまるという報告がありましたので、これで見通しが立ちました。我々は案件Bに取りかかりましょう。

こうすると、かなり分かりやすくなりませんか。どうやら人間の理解力は「順接のみで結ばれた3項目の関係性」を、パッと掴むことができないようです。

さて次に、逆接を検討します。Beforeの第2文です。

⑨案件Cも重要ですけど、やはり順番どおりに片づけたいと思いますが、先々のアイデアも温めておいてください。

逆接2回の⑨は、順接2回の⑥以上に悪文で、分かりにくいですよね。論理の流れがジェットコースターのようです。こちらも最初か最後の節を、単文として独立させてみましょう。

⑩案件Cも重要です。したがって、やはり順番どおりに片づけたいと思いますが、先々のアイデアも温めておいてください。

⑪案件Cも重要ですけど、やはり順番どおりに片づけたいと思います。とはいえ、先々のアイデアも温めておいてください。

⑩と⑪は少しニュアンスが異なりますが、この文脈では誤差の範囲内と言ってよいでしょう。いずれにしても⑨よりずっと分かりやすくなっている、ということが重要です。「逆接のみで結ばれた3項目の関係性」も、やはり私たちの頭脳は瞬時に解釈できないようです。

ちなみに、順接と逆接の組み合わせによる複文は、スムーズに把握できます。

⑫明日は雨が降るので、運動会は中止ですが、授業があります。（順接→逆接）

⑬明日は雨が降りますが、土砂降りにはならないので、長靴は不要です。（逆接→順接）

すると問題なのは、やはり順接が2回、あるいは逆接が2回繰り返される複文である、ということになりますね。

After

来週には案件Aがまとまるという報告がありました。これで見通しが立ちましたから、我々は案件Bに取りかかりましょう。案件Cも重要ですけど、やはり順番どおりに片づけたいと思います。とはいえ、先々のアイデアも温めておいてください。

23 累加の接続詞について

出来事の関係を整理して表現する

Before

プロジェクトの経過を報告します。先日、A社の部長と会食して、情報を交換して、協力の約束を取り付けました。また、B社から要望書をいただいたので、じっくりと読み込んで、詳細に検討して、丁重に回答しました。

経過報告の文章です。どのような仕事が進行中なのかは分かるものの、「〜て」という形が多くて、やや稚拙な感じです。どう直せばよいでしょうか?

■テ形と連用中止形

次の2文は同じ出来事の描写です。

①7時に起きて、支度をして、家を出て、駅まで走った。
②7時に起きて、支度をし、家を出て、駅まで走った。

①の「支度をして」はテ形（te-form）、②の「支度をし」は連用中止形と呼ばれます。

さて、①からは「一連の行動がダラダラ続いている」といった感じを受けませんか。それはテ形が「ただ単に動詞をつなぐだけ」だからです。

一方の②は、出来事の関係が整理された印象ですね。連用中止形は一度「流れを中止」します。そのため、家の中での行動（起きた／支度した）と家の外での行動（出た／走った）が、二つずつにまとめられるからです。

Beforeの第2～3文もダラダラ系です。何とかしましょう。

③A社の部長と会食して、情報を交換して、協力の約束を取り付けました。

④じっくりと読み込んで、詳細に検討して、丁重に回答しました。

テ形の連続によってダラダラするのですから、2番目のテ形を連用中止形に変えてみます。

⑤A社の部長と会食して、情報を交換し、

協力の約束を取り付けました。

⑥じっくりと読み込んで、詳細に検討し、

丁重に回答しました。

このように連用中止形を使えば、その前後で行動が分割・整理されて、文の構造が明確になりますね。報告にあたっては、報告者の頭の中で一度整理されたものを伝えなければなりません。

■累加の接続詞で、さらに明確に

連用中止形によって、文の構造が分かりやすくなったところですが、「累加の接続詞」で、さらに出来事の関係を整理することができます。まずは「そして」について見てみましょう。

⑦テレワークでは時間、場所、服装の制約から解放される。

⑧テレワークでは時間、場所、そして服装の制約から解放される。

⑦では一連の名詞が同列に並べられています。一方、⑧は「時間／場所」に「服装」が累加されるという構造で、「服装」が焦点化されています。「そして」には「最後にして最重要な～」という意味があります。したがって⑧からは、特に「服装」の自由を喜んでいるのが伝わってきますね。

Beforeの第2文にも「そして」を挿入することによって、「約束を～」が「最後にして最重要な～」という意味を帯びてきます。

⑨A社の部長と会食して、情報を交換し、
そして協力の約束を取り付けました。

⑨からは「会食や情報交換というプロセスを経て、ついに約束を取り付けるに至った！」といった報告者の達成感が伝わってきますよね。では次に「その上で」を取り上げましょう。

⑩十分に情報を共有して、徹底的に議論して、多数決をとる。

⑪十分に情報を共有して、徹底的に議論し、その上で多数決をとる。

⑩では、一連の行動が同列に扱われています。一方、⑪は「共有する／議論する」に「多数決をと

る」が累加されるという構造で、「多数決をとる」が焦点化されています。「その上で」には「先行の出来事を前提として〜」という意味があり、「共有する／議論する」が前提化するからです。

それでは、Beforeの第3文も再検討してみましょう。

⑫じっくりと読み込んで、詳細に検討し、
その上で丁重に回答しました。

こうすると「読み込む／検討する」が「回答する」に対して前提化します。その結果「決して軽々しく回答したわけではない」といったニュアンスが生じて、報告者の「一つ一つのステップにおいて、丁寧に仕事を進める姿勢」が見えてきますよね。

複数の出来事や行動を、それが起きた順番にダラダラ伝えると、どうにも稚拙な感じを免れません。どこが（あるいは何が）ポイントなのか、伝わらないからです。報告にあたっては、それらをいったん自身で整理して、咀嚼《そしゃく》し、そして分析的に提示する。報告者の腕の見せどころです。

After

プロジェクトの経過を報告します。先日、A社の部長と会食して、情報を交換し、そして協力の約束を取り付けました。また、B社から要望書をいただいたので、じっくりと読み込んで、詳細に検討し、その上で丁重に回答しました。

24「のだ」について
理由を述べるのは後回し

Before

取引先の一室で、鞄に入れてきたはずの資料が見つからず、私は血の気が引いてしまった。どうしよう……。ところが、実は商談の前に復習しておこうと、真っ先に取り出していて、なんと目の前の机の上にあった。

取引先でのおっちょこちょいな一コマですが、この描写に軽いサスペンス感を持たせたいと思います。どのように改善すればよいでしょうか?

■出来事の背景を種明かしする「のだ」

あなたの課では、ドイツ製のオフィス用品を購入しました。でも説明書がドイツ語で、日本語の翻訳が載っていません。誰も読めずに困っていたところ、新入社員の山田君が通りかかりました。事情を話すと山田君は、いとも簡単に日本語に翻訳してくれました。皆が驚いていると、一言。

①ドイツに留学していたんです。

山田君は、皆が「どうしてドイツ語が読めるの？」という疑問を抱いたのを察して、「ドイツに留学していた」という背景を明らかにしています。このとき威力を発揮するのが「のだ」です（丁寧体の文では「のです／んです」になります）。

「のだ」には様々な機能がありますが、その一つが右で見たように「出来事の背景を明らかにする」というものです。したがって、種明かしをする必要がない状況で「のだ」を使うと、不自然になってしまいます。例えば、課長と佐藤さんが外を歩いていると、急に雨が降ってきました。そのとき、佐藤さんは

②課長、雨が降ってきました。

と言うことはできますが、

③課長、雨が降ってきたんです。

と言うことはできませんね。それは、課長も佐藤さんも「雨が降ってきたこと」を一緒に体験しているからであって、そこには、種明かしをするような背景が何も存在しないからです。

■理由を後回しにできる「のだ」

一般的に「出来事」というのは、まず「理由（原因）」があって、それを受けて「結果」が生じるものです。したがって、ある出来事について時系列的に述べていくと当然、「理由→結果」とい

う順番の描写になります。
④にわか雨が降ってきて、道行く人が急ぎ足になった。
⑤散歩に行けると感づいて、犬が喜んでいる。
もちろん、この順番は分かりやすいのですが、第2文で「のだ」を使えば、これをひっくり返すこともできます。
⑥道行く人が急ぎ足になった。雨が降ってきたのだ。
⑦犬が喜んでいる。散歩に行けると感づいたのだ。
こうすると、第1文で読み手に「どうして?」という疑問を抱かせ、第2文でそれを解消する、という構造になって、軽いサスペンス感が生じませんか。

いつもいつも④⑤のような「理由→結果」という素直な順番だと、単調すぎて、読み手が飽きてしまうかもしれません。「結果→理由」というように順番をひっくり返した⑥⑦は、文章におけるスパイスのようなものです。

Beforeの第1文と第3文を見てください。
⑧鞄に入れてきたはずの資料が見つからず、私は血の気が引いてしまった。
⑨ところが、実は商談の前に復習しておこうと、真っ先に取り出していて、なんと目の前の机の上にあった。
これらは素直な描写です。もちろん分かりやすくていいのですが、どうもここには「種明かし」的

な要素がありそうなので、サスペンス感を出すには打ってつけでもあります。さっそく「のだ」を使って、理由と結果をひっくり返してみましょう。

⑩私は血の気が引いてしまった。鞄に入れてきたはずの資料が見つからないのだ。

⑪ところが、なんと目の前の机の上にあった。実は商談の前に復習しておこうと、真っ先に取り出していたのだ。

こうすると、「どうして血の気が引いたのか?」「怖いものでも見たのだろうか?」とか、「どうして机の上に資料があったのか?」「超常現象でも起きたのだろうか?」などなど、軽いサスペンス感を持たせられますね。また、その理由（原因）が予想外におっちょこちょいなものですから、種明かしをしたときの落差でも、読み手を楽しませられることでしょう。

素直な文章は読みやすいのですが、単調さと裏腹の関係にあります。もちろん、ひっくり返してばかりでは疲れてしまいますが、ときどきは、サスペンス感というスパイスも欲しいですよね。

After

取引先の一室で、私は血の気が引いてしまった。鞄に入れてきたはずの資料が見つからないのだ。どうしよう……。ところが、なんと目の前の机の上にあった。実は商談の前に復習しておこうと、真っ先に取り出していたのだ。

3

敬語と丁寧さ

25 尊敬語について
ちょうどよいレベルの尊敬語とは？

Before

本日の会合は18時からの予定ですが、申し訳ないことに、部長の山田は別件がございまして、少し遅れて19時にいらっしゃいます。したがいまして、先にお食事をお召し上がりになられてください。

会合に出席する取引先の人たちへのメッセージです。この中に、適切とは言えない尊敬語が2か所あります。それはどこでしょうか？　またなぜでしょうか？

■日本語の敬語は「相対敬語」

日本語では、外《ソト》の人と話すときは、内《ウチ》の人に尊敬語を用いません。例えば外《ソト》からの電話には、

①×山田部長は今、いらっしゃいません。

ではなくて、

②山田は今、席を外しております。

などと言う必要があります。山田部長に尊敬語を用いるかどうかは、その会話に外《ソト》の人が参加しているかどうかによって、相対的に決まってくるのです。これを「相対敬語」といいます。

ちなみに韓国語は「絶対敬語」で、外《ソト》の人に向かっても「山田部長は今、いらっしゃいません」と言います。山田部長に尊敬語を用いるかどうかは、話し手と山田部長の関係だけに基づいて、絶対的に決まっているのです。

とはいえ日本語でも、例えば「学校」という場では普通、次のように言います。

③他校の教員に向かって：（同僚の）伊藤先生は、もうすぐいらっしゃいますので。

伊藤先生は内《ウチ》の人、他校の教員は外《ソト》の人ですから、本来は相対敬語を用いて、

④他校の教員に向かって：（同僚の）伊藤は、もうすぐ参りますので。

と言うべきところです。しかし実情では、③が多いように見受けられます。これなどは、特例的に絶対敬語が使われている、と言えるかもしれません。

Beforeはそういう特例的な場面ではないので、第1文での尊敬語の使用は不適切です。

⑤×部長の山田は別件がございまして、少し遅れて19時にいらっしゃいます。

これでは①と同じく、相対敬語の日本語としては誤りですので、次のように修正しましょう。

⑥部長の山田は別件がございまして、少し遅れて19時に来ます（参ります）。

はい、これでＯＫです。

■過剰敬語って許容されるの？

敬語使用の問題として、よく「過剰敬語」が取り上げられます。Beforeの第2文を見てください。結構すごい過剰敬語です……。

⑦先にお食事をお召し上がりになられてください。

ここで過剰敬語の該当箇所に手を加えて、敬意の低い形から高い形まで、列挙してみましょう。

㋐食べてください。　㋑お食べください。

㋒召し上がってください。　㋓お召し上がりください。

㋔お召し上がりになってください。　㋕お召し上がりになられてください。

さて、「〜てください」の尊敬語は「お／ご〜ください」です。したがって㋑は尊敬語ですから、OKのはずです。しかし、やや丁寧さに欠ける気がしますね。それは「食べる」という表現が生々しいからでしょう。そこで「召し上がる」というぼかした表現が好まれます。「召す」は「お着物を召す／お風邪を召す」など、「食べる」専用の尊敬語ではないからです。

（＊）似た事例として「お手洗い／洗面所」などが挙げられます。トイレに行く主目的は「手や顔を洗うこと」ではありませんね。これも生々しさを避けるために、ぼかしているのです。

とはいえ、生々しさを避けた㋒も、やや丁寧さに欠けると感じる人がいるかもしれません。それは「〜てください」という表現に、上から行為を指示するニュアンスがあるからでしょう。「〜てください」というのは、あくまで「〜てくれ」という命令形の丁寧体だからです。

それを避けて㋓にすると、「二重敬語」になります。しかし㋓は㋒より丁寧で柔らかく、より適切と感じる人が多そうです。「召し上がる」のような、「お／ご～ください」ではない「特別な形」の場合は、二重敬語は許容される、と言ってよいかもしれません。

ただし㋔の「三重《さんじゅう》敬語？」は、意見が割れそうですね（まあ、許容の範囲内でしょうか）。さらに、㋕の「四重《よんじゅう》敬語？」となると、もう「やりすぎ」と感じざるを得ません……。

敬語の適切さは、相手や場面によって変わってきます。例えば、相手が取引先ではなくて親しい同僚（先輩）ならば、㋑や㋒の方が「ちょうどよい」感じになりますね。Beforeの第2文では、㋓が妥当でしょうか。

⑧先にお食事をお召し上がりください。

その時々に応じて、「丁寧さに欠ける」のでもなく、「やりすぎ」でもないと感じるレベル、それが最も適切な尊敬語なのです。

After

本日の会合は18時からの予定ですが、申し訳ないことに、部長の山田は別件がございまして、少し遅れて19時に参ります。したがいまして、先にお食事をお召し上がりください。

26 謙譲語について

何を高めて、何を低めるのか

Before

このたびは、ご丁寧なメールをありがとうございます。ご依頼の件ですが、喜んでお引き受けします。見積書をお送りしますので、是非ご検討いただいてください。返事が遅くなってしまい、申し訳ありませんでした。

取引先からの依頼メールに対する、返信のメールです。謙譲語に関連して不適切な箇所が二つありますが、どうすればいいでしょうか？

■尊敬語と謙譲語の取り違い？

先日の会議で同席した山田さんと、今日の会議でも一緒になりました。

①あ、またお会いしましたね！

動詞の謙譲語は「お／ご～する」という形ですから、「お会いしました」は「会いました」の謙譲

語ですね。①を省略せずに書くと、

②私は山田さんにお会いしました。

となります。つまり謙譲語とは、自分（私）を低めて、へりくだった態度を表すものです。

（＊）より正確に言うと、謙譲語における「お／ご」は目的語（山田さん）を高めていて、その結果として、相対的に主語（私）が低くなる、ということになります。

したがって謙譲語は、Beforeの第2文「お引き受けします」や、第3文「お送りします」のように、自分の行為を表すときにだけ使います。あらためてBeforeの第3文をご覧ください。

③×是非ご検討してください。

丁寧でありたいという気持ちは伝わってくるのですが、でもこれは明らかに、（主語を高める）尊敬語と、形を取り違えています。すなわち、本来の尊敬語の形（お／ご～ください）を用いて、

④是非ご検討ください。

としなければならないところです。謙譲語は、相手の行為には使うことができません。したがって「お／ご～してください」という依頼文の形は、そもそも存在しないわけです。尊敬語の依頼文は「お／ご～ください」となります（しては不要）。形が似ているので、ご注意ください！

■自分のことに「お／ご」を付ける？

課長に仕事の相談のメールを出したところ、すぐに返事が届きました。そこで課長に

⑤課長、さっそくお返事をいただきました。ありがとうございます。

この場面では、「返事」を出したのは「課長」ですから、「お返事」の「お」は「課長」を高めていますね（尊敬語）。では次は、あなたから課長へのメールが遅くなってしまった場合です。

⑥課長、お返事が遅くなり、申し訳ありませんでした。

「返事」を出したのは「私」です。すると、「お返事」の「お」は「私」を高めているのでしょうか。いえいえ、そうではありません。⑥の「お返事」は、実は謙譲語で、自分（私）を低めているのです。名詞の場合、尊敬語も謙譲語も「お／ご＋名詞」という同じ形で紛らわしいのですが、

⑦お返事する→お返事

のように、動詞の謙譲語「お返事する」から「する」を削除したもの、と考えると、分かりやすいと思います。先述したように「課長にお返事する」という動詞の謙譲語では、まず目的語（課長）を高めて、相対的に自分が低くなります。したがって、「する」を削除して「お返事」という名詞になっても、やはり目的語（課長）を高めて、その結果として自分が低くなる、ということに変わりはないのです。とはいえ、Beforeの第4文のように、

⑧返事が遅くなってしまい、申し訳ありませんでした。

と、つい書きそうになってしまいますよね。それは、自分のことに「お」を付けて、自分を高めてもよいのだろうか、かといって「お」を付けないと、ぶっきらぼうな感じになるし……、と逡巡してしまうからでしょう。実は筆者も、そのように迷うことがときどきあります。ですがこれは、れ

っきとした謙譲語ですから、堂々と「お返事」と書いていいところです。

⑨お返事が遅くなってしまい、申し訳ありませんでした。

「お返事」のような伝達にかかわる名詞は、尊敬語と謙譲語のどちらにも使えるタイプで、他にも「お手紙／お電話／ご報告」などがあります。

⑩ご報告を承りました。（尊敬語）

⑪以上、ご報告まで。（謙譲語）

使い分けが難しいところですが、⑩⑪から「ご」を削除すると、ぶっきらぼうな感じですよね。

⑫報告を承りました。

⑬以上、報告まで。

こういうときは、とりあえず「お／ご」を付けておき、その後ゆっくり、尊敬語であるか謙譲語であるかを考えればよいのではないでしょうか。

After

このたびは、ご丁寧なメールをありがとうございます。ご依頼の件ですが、喜んでお引き受けします。見積書をお送りしますので、是非ご検討ください。お返事が遅くなってしまい、申し訳ありませんでした。

27 丁重語について

自分だけで完結する丁重語

Before

4月より東京勤務となりました山田といいます。○○部で△△を担当させていただいています。明日ですが、当方は12時に弊社を出発します。会合が始まる前に、ご挨拶も兼ねて、御社に参ってもよろしいでしょうか。

東京に転勤になった山田さんが、取引先に送った挨拶のメールです。丁重語を使うと、より印象が柔らかくなる箇所がいくつかあります。それはどこでしょうか?

■丁重語と謙譲語の違いは?

前項26「謙譲語について」では、相手と比べて自分を低める敬語、すなわち「謙譲語」について検討しました。ここでは、それと似ているけれど少し違う「丁重《ていちょう》語」について見ていきます。

①課長、先程お送りしたメール、ご覧いただけましたか。

この「お送りする」は謙譲語ですね。①では「私」と「課長」がかかわる出来事があり、その二者関係において、「課長」と比べて自分を低めているわけです。それでは、次はどうでしょうか。
②最近、ずっと家におります。
③はじめまして、山田と申します。
この「おり」「申し」は、確かに自分を低めているので、①と同じタイプの謙譲語のように見えます。しかし②③では、いったい誰と比べているのでしょうか。
②の「私が家にいる（おる）こと」も、③の「私が山田という（申す）こと」も、ただ自分一人だけで完結する事態（出来事）ですよね。つまり、比べるべき相手は存在しないのです。
このように相手の存在とは関係なく、自分を低めるだけの敬語を「丁重語」といいます（①の謙譲語を「謙譲語Ⅰ」、②③の丁重語を「謙譲語Ⅱ」ということもあります）。

丁重語には「参る（行く）」「申す（いう）」「おる（いる）」「いたす（する）」などがあります（それほど数は多くありません）。

Beforeの第1文と第3文を見てください。
④4月より東京勤務となりました山田といいます。
⑤当方は12時に弊社を出発します。
これでも問題はありませんが、丁重語を有効活用して、さらに印象を柔らかくしてみましょう。
⑥4月より東京勤務となりました山田と申します。

⑦当方は12時に弊社を出発いたします。
こうすると、より丁寧な（丁重な！）感じになりますよね。

■適切な丁重語、適切でない丁重語

⑧先日の旅行では京都に参ったのですが、すごい人出でした。
丁重語「参る」は、このように高める相手がいなくても使えます。ここでBeforeの第4文です。
⑨ご挨拶も兼ねて、御社に参ってもよろしいでしょうか。
この⑨には「御社」という相手が存在します。したがって、自分を低めるだけの丁重語ではなく、同時に相手を高めもする謙譲語（伺う）の方が、より適切ということになります。
⑩ご挨拶も兼ねて、御社に伺ってもよろしいでしょうか。
ちなみに、高める相手がいないときは「伺う」は使えません（⑧は「先日の旅行では京都に伺ったのですが、すごい人出でした」とは言えません）。

ところで、14「使役について」でも言及しましたが、許可者のいない「させていただく」には、過剰に謙遜している感じが否めません（記者会見の「結婚させていただきました」など）。Beforeの第2文も同様です。
⑪○○部で△△を担当させていただいています。
この場合、例えば上司に「担当してもよい」という許可をもらって「担当させていただく」わけで

はありませんね（仮にそうであったとしても、そのことは「御社」とは関係なく、「弊社」の内部で完結する出来事ですから、それを取引先（御社）に伝えるのは奇妙です……）。

ここで「許可者」を「相手」と読み替えてみます。すると、相手（≒許可者）がいないときに自分を低める敬語が丁重語なのですから、過剰な「させていただく」は丁重語に置き換えればよい、ということが分かります。

⑫〇〇部で△△を担当しております。

こうすれば過剰ではなく、適度に謙遜している感じになりますね。

丁重語は、使わなくても直接的に失礼になることはありませんが、適切に使えば、さりげなく文章の印象を柔らかくしてくれる、便利なアイテムなのです。

（＊）取引先への電話で「山田部長はおりますか」と言うのは不適切で、「山田部長はいらっしゃいますか」とすべきところです。これは「尊敬語と丁重語の取り違い」による誤用ですね。

After

4月より東京勤務となりました山田と申します。〇〇部で△△を担当しております。明日ですが、当方は12時に弊社を出発いたします。会合が始まる前に、ご挨拶も兼ねて、御社に伺ってもよろしいでしょうか。

28 丁寧語について
丁寧語を使わないことのメリット

Before

最近ずっと家にいて、読書ばかりしていました。今日は、このあいだ読みました本を紹介したいと思います。山田太郎の『〇〇の△△』という推理小説なのですが、サスペンスの連続で、本当に面白かったです。ぜひ手に取ってみてください。

面白い本を読んだので、知人に紹介しています。この文章には、丁寧語を使わなくても（使わない方が）いい箇所が二つあります。それはどこでしょうか？

■丁寧さを表さない丁寧語

丁寧語（ですます体）というのは、一般に「聞き手／読み手に丁寧に接するため」に用いられます。しかし文の構成要素には「丁寧にする必要がない箇所」もあります。その一つが名詞を修飾する「名詞修飾（連体修飾）句」です。例えば

①楽しかった旅行

「楽しかった」が「旅行」を修飾しています。この「楽しかった」を丁寧な形にすることはできるでしょうか。

②×楽しかったです旅行

これはダメですね。つまり名詞修飾句では、名詞の前を丁寧にできません。丁寧にする必要がないからです。さてここで、Beforeの第2文です。

③このあいだ読みました本を紹介したいと思います。

これも同じく、「本」の前は普通体で

④このあいだ読んだ本を紹介したいと思います。

とすれば十分です。ここで重要なのは、④は決して聞き手/読み手に対して失礼ではない、ということ。逆に言うと、③における「ました」は、言わば「丁寧さとは無関係な丁寧語」ということになります。なんだか矛盾した存在ですね……。

話し言葉であれば、発された音声が次々に消えていきますので、それほど③も違和感はないかもしれません。また、相手が上位者のときは、緊張して丁寧語を多発してしまうのも、致し方ないことではあるでしょう。しかし一方、書き言葉は文字として残ります。したがって「丁寧さと無関係な丁寧語」を含む③は、ごちゃごちゃと読みにくいわけです。また(上位者との)会話と違って、緊張にとらわれるということもないでしょう。そういうときは思い切って、④のように普通体にすると、すっきり読みやすい文が出来上がります。

■丁寧語は距離を遠ざける

⑤太郎「昨日、何してたの?」
花子「映画を見に行った。面白かったよ」

この会話から、太郎君と花子さんの親しい関係が伝わってきます。ところが、いつも親しげな2人が、ある日、

⑥太郎「昨日、何してたんですか」
花子「映画を見に行きました。面白かったですよ」

のように丁寧語で話しているのを聞いたら、「ケンカでもしたのかな……」と思いませんか。ここから分かるように、丁寧語(などの敬語)には「相手との距離を遠ざける」という機能もあるのです(ことわざに「敬して遠ざける」というものもありますね)。

これを逆に考えてみましょう。例えば、新しく配属された部署で、同年代の同僚と飲みに行きました。そこで、最初は丁寧語で話していたのに、ひょんな拍子に、ついうっかり普通体で話してしまった! でもそのおかげで、急速に同僚と親しくなることができました。

皆さんも、このような経験、あると思います。たとえ言い間違いであっても(あるいは言い間違いであるからこそ?)、相手が急に丁寧体から普通体にシフトすると、一瞬は驚くものの、「ああ、

気を許してくれているんだなあ」と、ちょっと嬉しくなってきませんか。つまり、丁寧語を使わないことがプラスに働くわけです。さて、Beforeの第3文を見てみましょう。

⑦サスペンスの連続で、本当に面白かったです。

このように感情を表す箇所でさえ丁寧語が用いられています。それは書き手が冷静さを保てているということであって、もしかしたら読み手は「なかなか距離を縮めてくれないなあ」と、寂しく感じてしまうかもしれません。そこで思い切って、

⑧サスペンスの連続で、本当に面白かった！

と普通体に（ついでに「。」を「！」に）してみましょう。そうすれば読み手は、あなたの存在をより身近に感じてくれるはずです。ただし、このような変更を何回もやりすぎると、今度は逆に「文章のスタイルの不統一」が目立ってしまって、かえって読みにくい……となってしまいますので、いざというときのために取っておきましょう。

After

最近ずっと家にいて、読書ばかりしていました。今日は、このあいだ読んだ本を紹介したいと思います。山田太郎の『〇〇の△△』という推理小説なのですが、サスペンスの連続で、本当に面白かった！　ぜひ手に取ってみてください。

29 美化語について
敬語なのに敬意を表していない？

Before

先日は、お洒落な置き物をありがとうございます。心よりお礼を申し上げます。さっそくお部屋に飾りましたが、お色が繊細で美しく、とても気に入っています。ところで今度、お時間のあるときに、お食事でもいかがですか。

置き物をいただいたことへのお礼のメールです。ここには多くの「お〜」がありますが、このうち語を美しくする「美化語」はどれでしょうか？

■美化語は言葉そのものを美しく！

日本語の敬語には、全部で五つの種類があります。ここまでの項で、尊敬語、謙譲語、丁重語、丁寧語と、四つを見てきました。ここでは最後の一つ、美化語について考えてみましょう。

美化語は主に「お＋名詞」という形をとります（ほかに「ご〜」もありますが、「お〜」で代表させます)。

さっそくですが、Beforeの第4文の「お時間」は美化語でしょうか。答えは「いいえ」です。これは(名詞の)尊敬語です。ここでの「お時間」は読み手のもの。したがって、読み手への敬意を表して「時間」に「お」を付けているのです。

もう一つ。第2文の「お礼」は美化語でしょうか。はい、こちらも答えは「いいえ」です。これは(名詞の)謙譲語です。ここでの「お礼」の気持ちは書き手のもの。それを読み手に伝えるにあたって、自分を低めるために謙譲の「お」を付けているのです。

このように、「お〜」という形であればすべて美化語である、というわけではありません。美化語というのは、他者への尊敬や謙譲とは関係なく、語を美しくするためだけに働くものです。
①課長、お腹《なか》が空きましたね。お菓子でも食べませんか。
この「お腹《なか》/お菓子」が美化語です。ここから「お」を取っても、誰かに対して失礼とはなりません。
②課長、腹《はら》が空きましたね。菓子でも食べませんか。
「腹《はら》/菓子」と言っても、確かに失礼ではないけれども、何となく「品のない感じ」ですね。そこで①のように「お」を付けて、品のよい響きにする。これが美化語の働きです。

同じく、第4文の「お食事」は美化語です。もちろん「食事」と言っても構いませんが、「お食事」と言うと、ちょっと「品のよい感じ」ですよね。

■美化語は使いすぎに注意！

ただし、どんな名詞でも美化語になるわけではありません。例えばカタカナ語は、美化語に向いていません。

③おビール、おコーヒー、おギター、おアパート、おフランス？

どれも筆者には過剰な感じです（ただし「おトイレ」など認知されているものも……）。

こうした外来語でなくても、「お」と相性が悪い語はあります。

④お電車、お時計、お鉛筆、お階段、お太陽

など、筆者の語感では非常に変です。また、

⑤先ほど取引先の山田様から、お電話がありました。（尊敬語）

⑥ちょっと手が離せませんので、こちらから後ほど、お電話を差し上げます。（謙譲語）

⑦課長、そろそろ我が課でも、新しいお電話に買い替えませんか。（美化語？）

のように、尊敬語や謙譲語としてはOKでも、美化語としては「？」というものもあります。

はたまた、第1文の「お洒落」のように「お」の有無で意味が変わるものまで……。「お洒落な雰囲気の人vs.洒落の分かる人」。

わずか一字の「お」ですが、けっこう複雑な様相を呈しているのです。さて、このような制限がない語であっても、やはり使いすぎは逆効果です。第3文を見てみましょう。

⑧さっそくお部屋に飾りましたが、お色が繊細で美しく～

「お部屋／お色」は美化語ですが、ここでは「お」は要らないような気がします。使いすぎると、品が良すぎて（?.）、かえって嫌味になってしまいます。

⑨さっそく部屋に飾りましたが、色が繊細で美しく～

このように「お」を取った方がすっきりして、むしろ感じもいいですね。

では、どのようにして必要な「お」と、不要な「お」を見分けるのでしょうか。実はそれは簡単です。「お」を取って「品のない感じ」になったら、それは必要な「お」なのです。この基準に従えば、①の「お腹／お菓子」は必要な「お」、⑧の「お部屋／お色」は不要な「お」、ということが一目瞭然です。ただし「お食事」はボーダーライン上でしょうか。

つまり美化語のポイントは、「いかに必要かつ最小限の使用に抑えるか」と言えます。「過ぎたるは及ばざるがごとし」です。

After

先日は、お洒落な置き物をありがとうございます。心よりお礼を申し上げます。さっそく部屋に飾りましたが、色が繊細で美しく、とても気に入っています。ところで今度、お時間のあるときに、お食事でもいかがですか。

30 積極的な丁寧さについて

2種類の丁寧さとは？

Before

このたびは貴社の新製品をお送りいただき、お手数をおかけして申し訳ありませんでした。今後、我が社の業務に大いに役立つことと存じます。別件となりますが、新企画の資料も承りました。ご対応に感謝申し上げます。

取引先の会社から、新製品と資料が届きました。それに対する返信の文章です。ただ、もう少しストレートに感謝の気持ちを伝えられるといいですよね……。

■「丁寧さ」には2種類ある？

先輩の佐藤さんと出張です。東京から新大阪まで、新幹線の席は隣同士。

①あなた「お休みの日は、何をなさっているんですか」

佐藤「そうだね～。最近は、愛犬を連れてカフェ巡りかなあ」

「心理的な距離を縮めよう」とするあなたに、佐藤さんも応えてくれています。いい雰囲気です。でも、あなたの質問に対して、

②佐藤「いや別に……」（一人で静かに車窓を眺めていたいなあ）

と返されたら、少し黙っていてほしいという合図でしょう。そんなときは、

③あなた「……」（無言）

佐藤（話しかけないでいてくれて気が利くなあ）

これはこれで問題なさそう。つまり、「一定の距離を置く」のも気遣いなのですね。ところが、しばらく経つと、

④佐藤（このまま新大阪まで会話がないと、気まずいなあ）

会話の匙加減は、本当に難しい！

さて、うまくいった対応は①と③ですね。これらはどちらも「丁寧な対応」と言っていいでしょう。ただし、そのタイプは異なります。①の「心理的距離を縮める」丁寧さはポジティブ・ポライトネス（positive politeness：積極的な丁寧さ）、③の「一定の距離を置く」丁寧さはネガティブ・ポライトネス（negative politeness：消極的な丁寧さ）と呼ばれます。

このように発話の態度や方向性によって、2種類の丁寧さが存在するのですね。もう一つ、よりシンプルな例を。落としたハンカチを拾ってくれた人に、一言。

⑤あ、どうもすみません。（消極的な丁寧さ）

⑥あ、どうもありがとうございます。（積極的な丁寧さ）

⑤は「お手を煩わせて、すみません」ということで、ちょっと距離を感じますよね。一方の⑥は、「親切なことをしてくれて、ありがとう」と一歩踏み込んで、相手の行為を（ちょっと大げさですが）称賛しています。日本文化は前者の「消極的な丁寧さ」を重視すると言われることも多いようですが、果たして真相はどうでしょうか……？

それではここで、Beforeの第1文です。

⑦貴社の新製品をお送りいただき、お手数をおかけして申し訳ありませんでした。

こう言われた相手は、「そんなにお手数でもなかったんだけどなあ」と思って、ちょっと距離を感じてしまうかもしれません。もちろん、こういう「消極的な丁寧さ」が、一概に悪いわけではありませんが……。

⑧貴社の新製品をお送りいただき、誠にありがとうございます。

一方、こう「積極的な丁寧さ」で言われたら、「そんなに喜んでくれて、嬉しいなあ」と、相手は親しみを感じてくれるかもしれませんよ！

■「行為遂行的発話」とは？

謝罪の言葉は「ごめんなさい」ですが、その言葉を口にせず、ただ「謝ります」と言っただけでも、謝ったことにはなりますよね。それはどうしてでしょうか。

⑨スポーツ大会で：ここに開会を宣言します。
⑩新製品の発表会で：この製品をZ号と命名します。
⑨⑩では自身の行為を述べているだけですが、この発話をもって、実際に大会が開会され、製品がZ号という名前を持つことになります。このような発話を「行為遂行的発話」といいます。
冒頭の例も同じ。「謝ります」と自身の行為を述べることで、その発話をもって、実際に「ごめんなさい」と言うのと同じ効果が得られるのです。Beforeの文章も「ご対応に感謝申し上げます」という行為遂行的発話で締められていますね。これで確かに、感謝の意は伝わります。ただ、⑪ご対応に感謝申し上げます。ありがとうございます。

と、もう一度「ありがとう」と重ねてもいいかもしれません。そのような「もう一歩踏み込んだ」対応こそが「積極的な丁寧さ」なのです。

どちらのタイプの丁寧さが優れているのか、ということではなく、両者をバランスよく織り交ぜながら話を進めていくこと、それが肝要です。

After

このたびは貴社の新製品をお送りいただき、誠にありがとうございます。今後、我が社の業務に大いに役立つことと存じます。別件となりますが、新企画の資料も承りました。ご対応に感謝申し上げます。ありがとうございます。

31 授受表現について
やりもらい表現と丁寧さ

Before

今度のプロジェクト、おかげさまで大成功です。あのとき、先輩が「このアイデアは絶対にモノになるから！」と言ってくれたので、自信を持って進められました。試作品、あとで送ってあげますね。楽しみにしていてください！

プロジェクト成功の報告とお礼を兼ねたメールですが、ちょっと先輩に対して不適切かな、という箇所がありますね。どう直せばいいでしょうか？

■「モノの移動」を表す授受表現

太郎が良子に花束を贈る、という場面を思い浮かべてください。

①太郎が良子に花束をあげる。

②良子が太郎に花束をもらう。

太郎の視点からは①、良子の視点からは②のように表せます。この「モノの移動」を表す「あげる／もらう」などを用いた表現が「授受表現」です。授受表現を作れる動詞（授受動詞）は「やる／あげる／さしあげる／もらう／いただく／くれる／くださる」の七つ。ここから「やる」と「もらう」を取り出して、「やりもらい表現」ということもあります。ここでちょっと余談ですが……、

③花に水をやる。

④花に水をあげる。

は、どちらが「正しい」のでしょうか。

③が正しい派：「花」に対して丁寧な「あげる」を使うのはおかしい

④が正しい派：「やる」という言葉は品がないから使いたくないなあ

それぞれの理由は、こんなところでしょう。従来、③が「正しい」とされてきました。でも、「あげる」を美化語（例：腹《はら》→お腹《なか》）の一種と捉えれば、④を誤用扱いする必要もないのではないか、と筆者は思っています（29「美化語について」も参照してください）。

■授受表現は「恩恵の移動」も表す

さて、この「モノの移動」を表す授受表現、実は「恩恵の移動」を表すのにも使われます。太郎とカラオケに行った日の、良子の日記です。

⑤太郎君があの歌を歌った。

⑥太郎君があの歌を歌ってくれた。

太郎の行動（あの歌を歌ったこと）自体は⑤も⑥も同じですが、良子の受け止め方が異なります。⑤では、太郎が「あの歌を歌った」ことを客観的に描写しているだけ。一方、⑥では、私が好きな「あの歌」を、太郎が私のために歌った、といったニュアンスが感じられますね（そもそも「私のために歌った」という表現自体が少し不自然で、どうしても「私のために歌ってくれた」と言いたくなるところですが……）。

このとき「太郎から良子に恩恵が移動する」と捉えます。そのことを表す形式が「〜てくれる」という授受動詞なのです（より正確には、「〜て」形の場合は「授受補助動詞」と呼ばれます）。

このように日本語には、「恩恵の移動」があるとき、それを授受動詞によって言語化する、というルールがあります。Beforeの第2文です。

⑦先輩が「このアイデアは絶対にモノになるから！」と言ったので〜

⑧先輩が「このアイデアは絶対にモノになるから！」と言ってくれたので〜

⑦は「先輩が勝手にそう言っただけ」といったニュアンスになりかねず、ちょっと失礼かもしれません。これに対して、授受動詞（〜てくれる）を用いた⑧からは、先輩への感謝の気持ちが伝わってきますね。「ありがとう」だけが感謝の表現ではないのです。

ただし、いつでも授受動詞を用いればよい、というものでもありません。Beforeの第3文です。

⑨試作品、あとで送ってあげますね。

私から先輩に恩恵が移動することを「～てあげる」で表していますが、ちょっと不適切です。なぜかというと、目上である先輩に感謝を要求するような、恩着せがましいニュアンスになってしまうからです。この場合は、

⑩試作品、あとで送りますね（あるいは謙譲語で「お送りしますね」など）。

のような、客観的な表現の方が適切となります。読者の皆さんも上司のお供をするときには、

⑪あ、かばんを持ってあげます（持ってさしあげます）。

⑫あ、かばんを持ちます（お持ちします）。

のうち⑪を避けて、⑫を選ばれることでしょう。謙譲語（持ってさしあげます）であっても、言いにくいですよね……。一方、荷物が重そうな部下に対してであれば、「持ってあげるよ」も言えそうです。

恩恵を受けるときは「～てくれる」で明示的に、与えるときは「～てあげる」と言わずに控えめに。これが日本語の難しくも、味わい深いところでもあるのでしょう。

After

今度のプロジェクト、おかげさまで大成功です。あのとき、先輩が「このアイデアは絶対にモノになるから！」と言ってくれたので、自信を持って進められました。試作品、あとで送りますね。楽しみにしていてください！

32 感じのよい依頼文について

くださいいただけ＋ますか／ませんか

Before

来週の展示会には、我が社からも製品Xを出品します。つきましては、当日の製品説明は、山田君が担当してください。もしご都合がよろしければ、課長も同行してください。どうぞよろしくお願いいたします。

課長（上司）と山田君（部下）に、展示会についての依頼をする文章です。いくつか不適切な箇所があります。どのように改善すればよいでしょうか？

■「〜てください」は偉そう？

企画書を作成しました。まずは課長にチェックを依頼したいと思います。どうお願いしますか。

①課長、企画書を見てください。

この①は少し丁寧さに欠ける気がしますよね。それは、まるで「課長が企画書を見ること」が、すでに決まったことのようで、課長の意向を尊重していないからです。「〜てください」は、あくまで命令形（〜してくれ）の丁寧体であることに、留意する必要があります。そこで、

②課長、企画書を見てくださいますか。

と疑問文にしてみます。すると「見るか／見ないか」の選択の余地が生まれ、課長の意向を尊重することになります。①より丁寧に感じますね。

③課長、企画書を見ていただけますか。

①②のような「〜てくださる」系は、相手の行為（企画書を見る）を指示しています。これに対して、③のように「〜ていただく」系にすると、自分が「行為の恩恵を受けられるかどうか」に焦点が移り、行為の指示には触れないで済みます。その結果、③はさらに丁寧になります。

④課長、企画書を見ていただけませんか。

②③のような「〜ますか」系では、相手の行為（企画書を見る）が実現することを前提としています。一方、④のような否定文の「〜ませんか」系は、行為が実現することを前提としていません。相手（課長）にとって、企画書を見るというのは負担ですよね。したがって、行為の実現を前提としていない④は、いっそう丁寧になります。

ここまでを整理しておきましょう。

⑤丁寧な依頼文の要因（三つ）

㋐選択の余地を与える……………「〜てください」→「〜ますか」

㋑相手に行為を指示しない………「～てくださる」↓「～ていただく」

㋒行為の実現を前提としない……「～ますか」↓「～ませんか」

これらをすべて満たすと、最も感じのよい④の依頼文になるのです。このことを、Beforeの第3文で確かめてみましょう。

⑥もしご都合がよろしければ、課長も同行してください。

課長（上司）に対する依頼なのに、ちょっと偉そうですね。⑤に沿って、書き直してみます。

⑦a同行してくださいますか。

b同行していただけますか。

c同行してくださいませんか。

d同行していただけませんか。

この四つのパターンがあり得ますが、⑦dが最も丁寧で感じのよい依頼文になること、実感されると思います（今回は触れませんが、ここに推量表現を加えて「同行していただけないでしょうか」とすると、さらに丁寧さが高まりますね）。

■丁寧さを抑えて、親しさを表す

では、部下に対してはどうでしょうか。Beforeの第2文を見てみましょう。

⑧当日の製品説明は、山田君が担当してください。

先に見たように、「～てください」は相手に選択の余地を与えないので、ちょっと丁寧さに欠けてしまいます。そこで⑦cのパターンを用いて、より丁寧な表現にしてみます。

⑨当日の製品説明は、山田君が担当してくださいませんか。

確かに、とても丁寧になりました。とはいえ、山田君は下位者（部下）ですから、⑨のように丁寧すぎると、かえって突き放した感じになってしまいます。敬語には「敬して遠ざける」という側面もあるのでしたね。そこで、敬語形の「くださる」を普通形の「くれる」に、否定形の「～ません か」を肯定形の「～ますか」にしてみましょう。

⑩当日の製品説明は、山田君が担当してくれますか。

このぐらいが、山田君への親しみも表せて、ちょうどよいバランスの依頼文ではないでしょうか。

何かを依頼するということは、必然的に、相手に負担をかけるということを意味します。したがって依頼を行う文では、相手との関係性も考慮しつつ、その負担をできる限り小さくするための様々な工夫が必要なのですね。

After

来週の展示会には、我が社からも製品Xを出品します。つきましては、当日の製品説明は、山田君が担当してくれますか。もしご都合がよろしければ、課長も同行していただけませんか。どうぞよろしくお願いいたします。

33 推量の伝え方について
「と思う」と「でしょう」の違い

Before

課長：先日お願いした英文のチェック、やってくれた?
山田：はい。誤字や脱字もありませんし、問題ないでしょう。
課長：よかった。ところで来週の会議うまくいくかな?
山田：きちんと資料も揃えましたし、大丈夫かなと思います。

課長と山田君のメッセージのやりとりです。山田君が推量を伝える箇所（二つ）は、やや不適切に感じられますが、どうすればよいでしょうか?

■「～でしょう」は偉そう?

テレビの天気予報では

①明日、東京は晴れるでしょう。

などと言います。未来のことを断定的に「晴れます」とは言えません。したがって「でしょう」を付けて、推量として伝えるわけです。それでは、天気予報で

②明日、東京は晴れると思います。

と言ったら、どうでしょうか。同じ推量なのに、①と比べると頼りない感じで、「明日は本当に晴れるのかな……」と、不安になってしまいませんか。

「でしょう」を使うということは、「相手より多くの情報を持っていて、その情報をもとに推量しているのだ」ということを意味します。気象予報士は明日の天気について、視聴者よりも多くの情報を持っていますので、①のように「晴れるでしょう」と言えるのです。

ところが、②のように「でしょう」を避けて「晴れると思います」と言うと、「情報が少なくて自信がないのかな」と思わせてしまいます。それで頼りなく、不安に感じるわけですね。

Beforeの山田君の最初の発話を見てください。

③誤字や脱字もありませんし、問題ないでしょう。

課長より英語が得意な山田君は「問題ないでしょう」と言ってよい立場にあります。でもこの言い方、ちょっと不適切ですよね。この場合、確かに相手より情報が多いのですが、そのことを上位者に対してひけらかすと、偉そうな感じになってしまうからです。

したがって、ここは課長と同じ（程度の情報しか持っていないという）立場から、

④誤字や脱字もありませんし、問題ないと思います。

とするのが適切な表現でしょう（ここで筆者が「～でしょう」と書いたのは、気象予報士と同じ理由によります。「～と思います」と書いたら、信用していただけなくなるかもしれません……）。

■断定の「だ」、不定の「か」

川沿いを散歩していたら、動物の影が視界を横切りました。このとき「タヌキだ」と言ったら、それはその姿をきちんと確認し、タヌキであると断定しているわけです。このように「だ」は断定を表します。

一方、「タヌキか」と言ったら、暗がりでハッキリと見えなかったとか、動きが速くて目で追えなかったとか、そういう理由で断定はできなかったということ。「か」は不定を表します。

（＊）ちなみに疑問文の「か」も不定を表しています。不定だからこそ、断定したくて、相手に尋ねるのですね。例：タヌキですか？

このことを踏まえて、Beforeの山田君の次の発話を見てみましょう。

⑤きちんと資料も揃えましたし、大丈夫かなと思います。

山田君は、不定の「か」と終助詞の「な」を用いて「大丈夫かな」と言っていますが、あまりにも自信がなさそうに感じませんか。これでは課長も不安になってしまいますよね（ちなみに課長は、「来週の会議、うまくいくかな」と尋ねていますが、このときの「かな」は、課長の「確信の持てなさ」の表れと言えます）。

「かな」は「独り言の感想」のようです。「大丈夫かな」という独り言を「と思います」で引用している、という構造ですね。そこで、まずは終助詞の「な」を削除してみましょう。

⑥きちんと資料も揃えましたし、大丈夫かと思います。

⑤より少し自信が出てきた感じですが、まだまだです。それは、他ならぬ不定の「か」の影響によります。そこで今度は、これを断定の「だ」に変えてみます。

⑦きちんと資料も揃えましたし、大丈夫だと思います。

いかがですか。だいぶ自信の度合いが高まり、これなら課長も一安心ですね。

もちろん、さらに強い自信があれば「大丈夫です」と強く言い切ることもできますが、この辺りの機微は日本語の敬意表現として難しいところ……。ともあれ、ちょっとした言い換えで大きくニュアンスが変わるわけで、言葉の繊細さというのは面白いですね。

After

課長：先日お願いした英文のチェック、やってくれた?
山田：はい。誤字や脱字もありませんし、問題ないと思います。
課長：よかった。ところで来週の会議、うまくいくかな?
山田：きちんと資料も揃えましたし、大丈夫だと思います。

34 Eメールをどう締めくくるかについて

こなれた感じは冷たい感じ

Before

関係者各位：新製品Zの企画書をお送りします。本企画書は、業界の動向や消費者のマインドを十二分に調査して作成しました。それでは、どうぞよろしくお願いいたします。なお本メールについて、ご返信は要りません。

一斉メールで企画書を送信しています。一見すると問題なさそうな文章ですが、どことなく機械的で、ちょっと冷たい感じがするような……。

■「それでは」は段取り通り？

テレビの歌番組にて。司会者による曲紹介です。

①苦節10年。ついに故郷に錦を飾りました。それでは、歌っていただきましょう。千田昌夫さん『北国の夏』！

このときの司会者の心の動きを見てみましょう。まず司会者は「苦節10年。ついに故郷に錦を飾りました」と、歌手の来歴を紹介します。それが終わったら、段取り通り、歌い始めてもらおうと思っています。そのときの「段取り通り、進めていますよ」という合図、それが「それでは」なのです。他にも、例えば会議などは、

②それでは、始めましょう。

という言葉で始まることが多いですよね。この「それでは」も、「皆さん、準備はＯＫですね。段取り通り、始めますよ」という合図と言えます。また、議論が一段落した後、

③それでは、多数決をとりましょう。

と言えば、それは「意見も出尽くしたようですので、段取り通り、多数決をとりますよ」といった意味合いですね。

つまり「それでは」には、このやりとりの流れを支配しているのは、他ならぬ自分である、といった強引さが「無《な》きにしも非《あら》ず」なのです。もちろん、歌番組や会議の司会であればそれでもいいのですが（そもそも司会というのはそういう仕事ですから）……。

このような観点でBeforeの第3文を見てみると……、

④新製品Zの企画書をお送りします。それでは、どうぞよろしくお願いいたします。

この「それでは」が、「企画書を送ったので、段取り通り、受け取ってください。ここで私の仕事は終わりです。これから後、異論は受け付けませんよ」といったニュアンスを（図らずも）出して

しまうことに気づかれるでしょう。ここは「段取り通りではなくても、不備があったら修正するので、教えてくれませんか」という態度を、謙虚に伝えたいところ。そこで、

⑤新製品Zの企画書をお送りします。ご検討のほど、どうぞよろしくお願いいたします。

このようにすれば「段取りアピール」が消えて、丁寧さが高まりますよね。文章の書き手としては少なくとも、「それでは」には結構な威力がある、という認識は必要かもしれません。

■否定で終わる文は冷たい感じ？

コンビニやスーパーのレジで「袋は要りますか」と聞かれたら、

⑥あ、要りません。（否定文）

⑦あ、要らないです。（肯定文）

という二つの断り方があり得ます。どちらが柔らかい印象ですか。恐らく多くの人は、肯定文の⑦の方をより柔らかいと感じるのではないでしょうか。

日本語では肯定・否定が文末に来ます。したがって、⑥のような否定文は「以上。問答無用。」といった「冷たい感じ」を出してしまうのだと思われます。

他にも例えば、駐車場などの立入禁止の貼り紙に

⑧怪我をしても、責任は負えません。

⑨怪我をしても、責任は負いかねます。

とあったら、言っていることは同じでも、やはり否定文の⑧の方が、より事務的で冷たい印象を与えそうです。

さて、Beforeの第4文も否定で終わっていて、やや引っ掛かりますね。

⑩なお本メールについて、ご返信は要りません。

これを「ご返信は不要です」とすると、文末が肯定になるので、少し和らいだ感じです。しかしながら「不」という否定的な要素のせいで、決定打にはなりそうにありません。そこで、

⑪なお本メールについて、ご返信はいただかなくても大丈夫です。

というのは、いかがでしょうか。やや長ったらしく、こなれない表現ではありますが、むしろそういうところにこそ、誠実で柔らかい印象が宿るようにも思います。

Eメールは手軽に出せる分、丁寧さの匙加減が微妙で、特に締めくくり方は難しいものです。あまり定型にとらわれることなく、敬語によらない丁寧さにも目を向けたいですね。

After

関係者各位：新製品Zの企画書をお送りします。本企画書は、業界の動向や消費者のマインドを十二分に調査して作成しました。ご検討のほど、どうぞよろしくお願いいたします。なお本メールについて、ご返信はいただかなくても大丈夫です。

35 曖昧な表現について
なぜ複数のように見せかけるのか

Before

先程の会議、ありがとうございました。明朝までに議事録のほうをお送りしますので、少々お待ちください。ところで、議題にも出た業者の選定の件ですが、A社など良いのではないでしょうか。よろしくご検討ください。

先程の会議についてのメールですが、この文章には、曖昧な表現で複数に見せかけている箇所が二つあります。それはどこでしょうか？

■一つしかないのに「方《ほう》」？

街中で偶然、取引先の山田さんと会ったので、ちょっと誘ってみました。

①コーヒーを飲みませんか。

②コーヒーでも飲みませんか。

例えば「山田さんが無類のコーヒー好きと知っている」のでもなければ、選択肢が多い②のほうが丁寧ですよね。山田さんはコーヒー派ではなく、紅茶派かもしれませんし……。

このように言葉の使用には「選択肢を多く提示することは丁寧である」という原則があります。相手の選ぶ自由を保証するからです（32「感じのよい依頼文について」も参照してください）。ところが、どう考えても選択肢が一つなのに、こういう方略が使われることがあります。

③店員「お待たせしました。コーヒーのほう、お持ちしました」

この場面ではコーヒーしかあり得ないので、「ほう」は変ですよね。「ほう」は本来、二つの選択肢があるときに使われるものです（でした）。

④ビールとワインなら、私はワインのほうがいいな。

③はこういう場面ではないのに、なぜ「ほう」を使ってしまうのでしょうか。それは、嘘でもよいから選択肢が複数あるように見せかけて、「より丁寧であろうとするから」に他なりません。

もっとも、③のような接客場面での話し言葉では、少しでも丁寧でありたいのは当然ですし、1杯のコーヒーを目の前に、重大な誤解が生じる余地もありません。ですので、それほど問題視する必要もないと思われます。でも、Beforeの第2文は違います。

⑤明朝までに議事録のほうをお送りしますので、少々お待ちください。

「議事録のほう」とすると、後で読み返したときや、あるいは事情を知らない他の人が目にしたときに、「議事録の他に何かあったのだろうか」という疑問を抱かせてしまうかもしれません。自身

の手を離れた文章は、どう読まれるか分かりません。ここは一つ、丁寧さより正確さを重視して、

⑥明朝までに議事録をお送りしますので、少々お待ちください。

と、誤解の余地が生じない表現にするのが適切でしょう。

■一つしかないのに「など」？

⑦私は御社が第一志望です。

⑧私は御社などが第一志望です。

もしあなたが面接官だったら当然、⑦のほうを好ましく思うでしょう。⑧のように言う就活生は実際いないとは思いますが、もし仮に言われたら「あ、うちの会社じゃなくてもいいのね」と気まずくなってしまいますよね。それは「など」によって、「第一志望は御社の他にもある」ということをほのめかしてしまうからです（第一なのに複数というのも変なのですが……）。

その他にも、例えば紳士服店では

⑨このスーツとかお似合いですよ。

と言われたりします。本当は

⑩このスーツがお似合いですよ。

と店員は言いたいところでしょうが、「お客はそう思わないかもしれない」と考え、他のスーツもほのめかす「とか」をあえて付けています。つまり、これも丁寧さのためと言えます。

この「スーツとか」も、「コーヒーのほう」と同じく、接客場面での話し言葉ですから、とりたてて問題視する必要はないと思われます。でも、Beforeの第3文は違います。

⑪業者の選定の件ですが、A社など良いのではないでしょうか。

このときの「A社など」は、

㋐「など」は単なる曖昧表現で、実はA社だけが良いと思っている。

㋑「など」は複数を表し、他にB社やC社も良いと思っている。

のように多義的になってしまいます。これは、どちらでもよいわけではなく、仕事の成否にかかわる重大な選択です。ここは一つ、「A社が良い」と、ハッキリさせたいところ。

⑫業者の選定の件ですが、A社が良いのではないでしょうか。

瞬時に音声が消え去る話し言葉ではなく、記録として残る書き言葉では、ときに丁寧さより正確さが重要なこともあるのですね。

After

先程の会議、ありがとうございました。明朝までに議事録をお送りしますので、少々お待ちください。ところで、議題にも出た業者の選定の件ですが、A社が良いのではないでしょうか。よろしくご検討ください。

36 縮約形について
形の丁寧さと、表現の丁寧さ

Before

こないだの議事録をお送りします。来週の会議は月曜日10時からです。直前のお知らせで、すいません。会議室は、こちらで予約しときます。実は来週は、他部署の方々も出席するんですが、すでに資料は送付してあります。

来週の会議についてのお知らせです。この文章には、いくつか口語的な「縮約形」が混ざっています。縮約形とは、どのようなものでしょうか?

■母音や子音が脱落する「縮約形」

日本語には一人称を表す名詞が数多く存在します。「わたし／ぼく／おれ／おいら／うち／小生／自分／吾輩／拙者／われ」などなど。英語は「I」のみ、中国語は「我」のみ、韓国語は丁寧な「저」とくだけた「나」のみ……。このように他言語の多くで一人称名詞が一つ、ないし二つであ

る中で、日本語の一人称名詞の多さは群を抜いています。まずは、そのうちの「わたし」に注目してみましょう。この「わたし」もまた、いくつものバリエーションを持っています。

①わたくし／わたし／あたし／わし

右では四つのバリエーションを列挙しましたが、何か気づきませんか。そうです、「わたくし」から「わし」に進むにつれて、だんだん音が脱落していくのです。このことは、アルファベットで書くと、より分かりやすくなります。

②わたくし（watakushi）
　わたし（watakushi→watashi）
　あたし（watakushi→atashi）
　わし（watakushi→washi）

「わたくし」から「ku」が脱落すると「わたし」に、「w／ku」が脱落すると「あたし」に、「taku」が脱落すると「わし」になります。この音が脱落した形が「縮約形」です。

そして、音の脱落が多いほど、丁寧さも落ちていきます。「わたくし／わたし」が高い丁寧さを表せるのに対して、「あたし／わし」は口語的で丁寧さが低いですよね。

さて、Beforeの第1文にも「こないだ」という縮約形があります。もとの（縮約する前の）形は「このあいだ」です。

③このあいだ（konoaida）→こないだ（konaida）

「このあいだ」から「o」が脱落すると「こないだ」になります。「このあいだ」の方が表現として丁寧で、口語的な「こないだ」は改まった文章や場面では不適切ですよね。

このように「音形」と「表現」の丁寧さは連動しています。要するに「きちんと発音する／きちんと書くことが丁寧さにつながる」というわけです。また、大切な履歴書を書くときには丁寧な字で書くでしょうから、「音形」のみならず「字形」についても、丁寧さは連動しているようです。

Beforeの文章には、他にも縮約形があります。

④すみません (sumimasen) → すいません (suimasen)
⑤しておきます (shiteokimasu) → しときます (shitokimasu)
⑥するのです (surunodesu) → するんです (surundesu)

③⑤⑥では母音が、④では子音が、それぞれ脱落しています。そして、音が脱落した縮約形は、もとの形と比べて、丁寧さも落ちていますね。

もちろん、親しい友人などとのやりとり、あるいはくだけた場面では、縮約形が頻出します。むしろ縮約形を使うことで親しさが増す、といった効果もありそうです。

何気ない日常会話では、

⑦ａあ、あんなところに猫が寝ている！
　ｂあ、あんなとこに猫が寝てる！

縮約しないａではなく、縮約形のｂの方が、圧倒的に多く使われることでしょう。

一方、それほど親しくない人や上位者とのやりとり、あるいは改まった場面や文章では「縮約形=丁寧でない」と捉えられる恐れがあるので、注意したいところです。

■拗音化を伴う「縮約形」

ここまで、母音や子音といった「音韻の脱落」を検討しました。縮約形には、他にも拗音化を伴うものがあります。拗音とは「きゃ/きゅ/きょ」など小さい「ゃ/ゅ/ょ」が付く音です。

⑧頑張らなければ負けてしまうよ。

⑨頑張らなきゃ負けちゃうよ。

親しい友人に対して、くだけた場面で言うならば、⑧ではなく⑨でしょう。このとき「なければ→なきゃ」「てしまう→ちゃう」のように、拗音化を伴って語句全体が縮約されています。このように縮約形は、私たちの身近に、たくさん存在するんですね。

(＊)ここまで見てきたように、縮約形は、日常会話において確固たる一部を占めています。そう考えると、話し言葉と書き言葉における縮約形の扱いの違いは、ある意味で「言文一致が行き届かないところ」と言ってもよいかもしれません。

After

このあいだの議事録をお送りします。来週の会議は月曜日10時からです。直前のお知らせで、すみません。会議室は、こちらで予約しておきます。実は来週は、他部署の方々も出席するのですが、すでに資料は送付してあります。

4

レトリックと表現効果

37 特殊拍について
促音・撥音・長音で多彩な感情を

Before

昨日から国際展示会に来ています。まずお伝えしたいのは、最新製品はどれも、とてもスタイリッシュだということ。昨晩は興奮しすぎて、あまり眠れず、長い夜を過ごしてしまいました。今日はちょっと寝不足です。

国際展示会からの興奮冷めやらぬレポートです。堅苦しくない話題ですし、特殊拍を利用して、もっと感情を前面に出してみたいと思います。

■特殊拍って、何が特殊？

「猫」は英語で「cat」、カタカナで書くと「キャット」。この二つを比べて、何か気づきませんか。そうです、英語の「cat」には最後に母音「o」がありません（×cato）が、カタカナ語の「キャット」にはあるのです（kyatto）。

日本語の音節（音の単位）は、必ず母音で終わります。すなわち母音のみ（絵／e＝1音節）か、子音＋母音（黒／ku-ro＝2音節）という構造になるのです。これを開音節《かいおんせつ》といいます。一方、英語ではcat（1音節）やwin-ter（2音節）のような「子音＋母音＋子音」が基本で、これを閉音節《へいおんせつ》といいます。このように日本語と英語では、音節の構造が基本的に異なるのです。

catの例に戻ると、最後に母音がない閉音節は日本語母語話者には馴染まないので、あえて最後に「o」を加えて、kyattoのように開音節にしている、ということです。

（＊）イタリア語やスペイン語は開音節タイプ（猫：gatto, gato）。つまり「欧米語＝閉音節」というわけではありません。また、韓国人の「キム（金・김）」さんは、韓国語として正確に発音するとkimu（開音節）ではなく、kim（閉音節）となります。このように、アジアの言語でも閉音節を多く持つものはあります。ちなみに日本語は、かなり徹底した開音節タイプです。

とはいえ、日本語の音にも、例外的に母音を含まないものがあります。

①促音：きっぷ（kippu）
②撥音《はつおん》：せんす（sensu）
③長音：ねーさん（ne:san）

これらには母音がないので「音節」ではなく、「特殊拍《とくしゅはく》」と呼ばれます。なお長音（ー）は、前の母音（ne）が伸びているだけで、新たな母音が生じているわけではありません。

■特殊拍によって感情を表せる？

この特殊拍を、本来は特殊拍でないところで意図的に使用すると、そこに書き手の感情を乗せることができ、何らかの表現効果が生じてきます。

④とてもスタイリッシュ
⑤あまり眠れず
⑥長い夜を過ごして

Beforeの前記3か所で、あえて特殊拍を使って、気持ちの昂《たか》ぶりを伝えてみましょう。

⑦とってもスタイリッシュ（促音）
⑧あんまり眠れず（撥音）
⑨ながーい夜を過ごして（長音）

こうすると、書き手の感情が前面に出てくるような感じがしませんか。

⑦の促音ですが、実は「っ」のときは完全な無音ですよね（ご自身で声に出して確認してみてください）。この無音の時間に気持ちが充填され、そして「とっても」の「て」で音が再開されるときに気持ちを爆発させる、そんなイメージでしょうか。また「っ」を重ねても（とっっても）、コミカルで楽しいですね。その他に「やっぱり／にっぽん」など。

⑤の「あまり」は、何となく、客観的で冷静な描写かもしれません。ここを「あんまり」とすれば、寝つけないことへの焦燥感が、そのときの生《なま》の感情として見えてきます。「ん」という撥音は、

心身が「力んでいる感じ」を表すからでしょうか。その他に「おんなじ／そのまんま」など。

⑨では「長い」という語をより長く発音することで、実際の夜の長さへの体感が伝わってくるようです。これも「ながーーい」のように長音を連ねることもできますし、また「〜」を使えば（なが〜い）、ちょっとコミカルな感じになりますよね。これと反対なのが「みじかっ（短っ）」でしょう。最後の「い」を省略して短く発音することで、短さを体感的に表しています。その他に「ひろーい／でかーい」など。

これらのハイブリッド型も可能です。例えば、昨日は朝から晩まで飛び回ったので……、

⑩㋐すっごーく疲れた。（促音＋長音）

㋑すんごーく疲れた。（撥音＋長音）

㋒すんっごく疲れた。（撥音＋促音）

特殊拍で多彩な感情を表す。ときにはこういう裏ワザも、遊び心があって楽しいですよね〜。

After

昨日から国際展示会に来ています。まずお伝えしたいのは、最新製品はどれも、とってもスタイリッシュだということ。昨夜は興奮しすぎて、あんまり眠れず、なが〜〜い夜を過ごしてしまいました。今日はちょっと寝不足です。

38 文字の種類と配合について

ひらがな・漢字・カタカナと、その印象

Before

昨日、新製品の方針に関して、夜遅くまで部員達と議論を行いました。その結果、我々当事者が情報を共有することが何より重要である、という意見で一致しました。可能な所から、既存の体制を刷新していきたいと思います。

世界の諸言語と比べて「日本語は特殊な言語だ」と考える人は少なくないかもしれません。でも実は、その認識は正しくありません。日本語はとても「普通の言語」です。

言語の性質を測るのに、二つの重要な基準があります。一つは「格」の表し方です。日本語では「格」を助詞で表します（が＝主格、を＝目的格など）。

①私が《主格》　彼女を《目的格》　愛する。
　彼女が《主格》　私を《目的格》　愛する。

ちなみに、英語（I love her.／She loves me.）では主格＝I/She、目的格＝her/meのように、語の形

を変えて格を表します。言語の性質を測る基準、もう一つは「語順」です。

②私が《主語》　彼女を《目的語》　愛する《動詞》。

日本語は「主語→目的語→動詞」という順番となりますが、英語（I love her.）では主語（I）→動詞（love）→目的語（her）となりますね。

（＊）主語＝Subject、目的語＝Object、動詞＝Verb。中学校の英語の授業で「5文型」というものを勉強しますが、それはここから来ています。ちなみにI love her.は、「第3文型：ＳＶＯ」ですね。また一般に日本語はＳＯＶ型言語、英語はＳＶＯ型言語と呼ばれます。

ここで問題です。格の表し方においても、語順においても、日本語と同じパターンの言語はあるでしょうか。

答：韓国語、トルコ語、モンゴル語など、数多くの仲間がいます。これらの言語はいずれも、格を助詞で表し、「主語→目的語→動詞」という語順です。

「特殊な言語」というのは、同じパターンの仲間がいない（少ない）言語のことを指します。したがって、仲間が多い日本語は、正真正銘の「普通の言語」と言えるわけです。

とはいえ、どのような言語も、それぞれ部分的な特殊性を持っています。日本語も例外ではありません。日本語の特殊性の一つに、ひらがな・漢字・カタカナという「3種類の文字を併用すること」があります（原則的には「ひらがな＝和語」「漢字＝漢語」「カタカナ＝外来語」というように対応しています）。

（＊）これらにアルファベット（ａｂｃ……）、算用数字（１２３……）を合わせれば、日本語では「5種類の文字を併用する」ということになります。また、原理的には漢語も外来語の一種とは言えますが（ただし和製漢語というのもあります）、通常、漢語は一つのカテゴリーとして独立させます。

現在お読みのこの文章にも、ひらがな・漢字・カタカナが混在していますね。英語はアルファベットのみ、中国語は漢字のみ、韓国語はハングルのみ……、といったことを思い浮かべれば、その特殊性に気づかれるでしょう。

Beforeの文章ですが、一見して漢字が多いと感じられたことと思います。文章全体で１０２字のところ、漢字は43字で、その含有率は42％です。漢字は画数が多く、漢語には抽象的な意味のものも多いので、漢字が多いと堅い印象になりますね。そこで、漢語を和語に置き換えるなどして、漢字の含有率を下げてみましょう。

After1

昨日、新製品の方針について、夜遅くまで部員たちと話し合いました。その結果、われわれ当事者が情報を分かち合うことが何より重要である、という意見で一致しました。できるところから、既存の体制を新しくしていきたいと思います。

この文章の漢字含有率は32％で、Beforeを10％下回っています。その代わり、ひらがなが増えました。ひらがなは画数が少なく、和語には生活に密着したものも多いので、ひらがなが多いと、やわらかい印象になります。わずか10％の差で、ずいぶん違いますよね。
では次に、いくつかの漢語を外来語（カタカナ）に置き換えてみます。

After2

昨日、新製品の方針について、夜遅くまで部員たちとディスカッションしました。その結果、われわれ当事者が情報をシェアすることが何より重要である、という意見でコンセンサスを得ました。できるところから、既存のシステムをリニューアルしていきたいと思います。

今度の漢字含有率は22％です。さらに10％下がって、より軽快な印象になりました。それと同時に、モダンで鋭角的な雰囲気も出ていますね。それは、海外から新しく入ってきた概念や事物にカタカナが当てられること、カタカナの字形が直線を多用したものであること、そうした理由によるでしょう。

さて、ここまで三つのタイプの文章を見てきましたが、印象の違いを実感していただけたでしょうか。ＴＰＯに合わせて最適な文字の配合を考えてみる。そんなことも実は、文章を書く楽しみの一つかもしれません。

39 語の切れ目について

文字の種類を使い分ける

Before

今月の業界の動向を報告します。A社の売り上げはのびて居ます。然しながら他社は軒並み、売り上げがおちこんで居るようです。現在、業界再編の波が押し寄せており、我が社にとっても困難な状況が、この先生じかねません。

業界の動向を報告する文章です。ひらがなや漢字が続いて読みにくい箇所が、いくつかありますね。どのように改善すればよいでしょうか?

■**実質語は漢字で、機能語はひらがなで**

あるお店を訪れたら、入り口に次のような貼り紙が……。さあ、どういう行動をとりますか。

①ここではきものをぬいでください。

とても有名な文なので、ご存じの方も多いことでしょう。ひらがなのみで書かれたこの文が面白いのは、「二つの意味に解釈できる」ということです。

②ここで履物を脱いでください。

③ここでは着物を脱いでください。

この②③のように漢字を使えば、①の「二つの意味」が明確になりますね。

日本語の表記の特徴の一つに、「分かち書き」ではない、ということが挙げられます。例えば英語では、「I am a student.」のように語と語の間にスペースを入れますが、日本語では「わたしはがくせいです」のようにスペースを入れませんので、語の「切れ目」が分かりにくくなります。そこで日本語では、文字の種類（漢字・ひらがな・カタカナなど）を使い分けることによって、語の切れ目を表すのです。例えば「わたしはがくせいです」よりも、「私は学生です」の方が、ずっと読みやすいですよね。それは「私／学生」を漢字にすれば、ひらがなの「は／です」との切れ目が明確になるから、に他なりません。

重要なのは、「私／学生」のような実質的な意味を持つ語（＝実質語）を漢字に、「は／です」のような文法機能を表す語（＝機能語）をひらがなにする、ということです。

母語話者が日本語の文章を読むときには、漢字の箇所に多くの注意を払うものと考えられます。例えば新聞を、漢字だけを拾い、ひらがなを飛ばして読んでも、何となく意味が分かりますよね。それは、実質語が漢字で表されているからです。

Beforeの第2～3文では、この対応を意図的に逆にしています（実質語をひらがなで／機能語を漢字で)。そのため、語の切れ目が瞬時に把握できないばかりか、機能語に目を奪われて、より重要な実質語への注意が疎かになり、非常に読みにくく(意味をとりにくく)なってしまうのです。

④A社の売り上げはのびて居ます。

⑤然しながら他社は軒並み、売り上げがおちこんで居るようです。

そこで、この対応を「実質語＝漢字、機能語＝ひらがな」という本来の姿に戻してみましょう。

⑥A社の売り上げは伸びています。

⑦しかしながら他社は軒並み、売り上げが落ち込んでいるようです。

こうすると、まさに見違えるほど(!)、読みやすくなりませんか。

■漢字の連続にも注意を

ここまでは、「ひらがなが続いて読みにくい」という例を見てきました。一方で、「漢字が続いて読みにくい」ということもあります。

⑧9月7日本を買った。

⑨お忙しい中国へ帰省された。

これらの文を一見すると、⑧では「日本」、⑨では「中国」という「文の意味とは無関係な文字列」が浮かび上がってきませんか。でもよく読めば、

⑩9月7日、本を買った。

⑪お忙しい中、国へ帰省された。

という意味であることが分かります。つまり⑧⑨では、漢字が一まとまりになって認識されるわけです。これは先に述べたように、母語話者が日本語の文章を読むとき、漢字の箇所に多くの注意を払うためです。そこで、⑩⑪では、漢字が一まとまりに認識されないように、語の切れ目に読点を挿入しています。Beforeの第4文を見てください。

⑫この先生じかねません。

一見すると、「先生」という「文の意味とは無関係な文字列」が浮かんでしまいますね。そこで、

⑬この先、生じかねません。

と読点を挿入すれば、誤読を防ぐことができるでしょう。あるいは思い切って、「このさき生じかねません」のように、ひらがなで表記するというのも、よい方法だと思います（こうすると読点をむやみに増やすことを避けられますね）。

分かち書きだけが切れ目を明確にする方法である、ということでは決してないのです。

After

今月の業界の動向を報告します。A社の売り上げは伸びています。しかしながら他社は軒並み、売り上げが落ち込んでいるようです。現在、業界再編の波が押し寄せており、我が社にとっても困難な状況が、このさき生じかねません。

40 フィラーについて

会話の隙間を埋めて、ニュアンスを豊かに

Before

佐藤君、さっき送ってくれた企画書、書き直してくれませんか。もっと消費者のニーズを取り入れてほしいんですよね。ところで、先週の会議での発言だけど、あれは大変よかったですよ。佐藤君の成長を感じられました。

課長が部下の佐藤君に送ったメールです。良いことと悪いことを述べていますが、フィラーを使って、それぞれ繊細なニュアンスを添えてみましょう。

■フィラー自体に意味はないけれど……

「隙間などを埋める」という語義のフィル（fill）に、「er」が付いたフィラー（filler）。言語使用におけるフィラーとは「それ自体に意味はないが、会話の隙間を埋める言葉」のことです。

①大丈夫ですか。

例えば①の「大丈夫／です／か」には、それぞれ明確な意味がありますね。

②あら、大丈夫ですか。

でも、②の「あら」の意味は何でしょうか。強いて言えば、驚きのニュアンスを発話に添えることでしょう。この「あら」がフィラーです。

③まあ、大丈夫ですよ。

④あのう、今、よろしいですか。

⑤なんか、誰か来たみたいだね。

フィラーには他にも「まあ／あのう／なんか」など、たくさんあります。

さて①と②は、「あら」があってもなくても、文全体の客観的な意味は同じですよね。すると「じゃあ、フィラーなんて要らないのでは?」と思われるかもしれません。でも、私たちの日常会話を思い起こしてください。フィラーがないと何も話せないほど、フィラーだらけですよね。朝一番の

⑥あ、おはようございます!

から、夜も更けての

⑦さあ、そろそろ寝るか……。

まで、それこそ「おはようからおやすみまで」一日中、フィラーを口にしています。読者の皆さんも、会議などで心の準備もないところに、いきなり発言を求められたら、とりあえず「えーと」で

はないでしょうか。

この日常生活とは切っても切れないフィラー、一見すると無駄そうですが、実は重要な役割を担っているのです。

■フィラーでニュアンスを豊かに！

まずはBeforeの第1文。せっかく書いてくれた企画書なのに、書き直しを頼んでいます。佐藤君の苦労を考えると、いくら課長でも切り出しにくい内容です。それなのに唐突に

⑧さっき送ってくれた企画書、書き直してくれませんか。

と言って（書いて）しまうと、なんだか「一読してすぐにダメだと思った」といったニュアンスになって、いささかキツイ印象かもしれません。

そこで「うーん／ちょっと」というフィラーを挿入して、

⑨さっき送ってくれた企画書、うーん、ちょっと、書き直してくれませんか。

とすると、いかがでしょうか。書き直し自体は変わらなくても、「課長も気を遣ってくれて言いにくいんだな」ということが伝わりますし、「企画書をじっくり読んだ上で努力を評価する」といったニュアンスも付加されて、きっと佐藤君の受け止めは違ってくるはずです。

次にBeforeの第3文。今度は⑧と異なり、良いことを述べています。

⑩先週の会議での発言だけど、あれは大変よかったですよ。

でもせっかくだから、もう少し感情を込めてみませんか。
⑪先週の会議での発言だけど、いやあ、あれは大変よかったですよ。

ここで⑩と⑪を比べてみると、⑩は少し淡々としているかもしれません。一方、⑪のように「いやあ」というフィラーを挿入すると、例えば「ついこの間まで新入社員だったのに、いつの間にこんな立派な発言ができるようになったんだ？」といったニュアンスが付加されて、課長の「感無量」が佐藤君にも伝わることでしょう。

フィラーというのは、主には話し言葉で使われ、書き言葉ではあまり登場しません。でも、近しい間柄でのメールというのは、形式こそ書き言葉ですが、実質的には話し言葉と大差ありません。ですので、くだけた文章なら、適度に挿入された適切なフィラーは、絶大な効果を発揮します。

（＊）フィラーは文意を分かりにくくするなどと言われ、とかく悪者扱いされがちですが、ここまで見てきたようなプラス面にも、積極的に目を向けるべきではないでしょうか。もちろん使いすぎはマイナスですが、完全に排除すれば、それはそれで味気なくなります。「味気ない」ということは、「ニュアンスが伝わらない」ということでもあるのです。

After

佐藤君、さっき送ってくれた企画書、うーん、ちょっと、書き直してくれませんか。もっと消費者のニーズを取り入れてほしいんですよね。ところで、先週の会議での発言だけど、いやあ、あれは大変よかったですよ。佐藤君の成長を感じられました。

41 体言止め・倒置について
文章にアクセントをつける

Before

先週の社内運動会についてレポートします。当日の朝は残念ながら雨でした。でも、「運動会は中止かな」と思っていたら、みるみるうちに晴れて、無事に開催されました。私も課長と二人三脚に出場したんですよ。

社内運動会についてのレポートです。ある工夫をして文章にアクセントをつけると、よりイキイキとしてきます。それは、どのような工夫でしょうか?

■名詞で文を終わらせる「体言止め」

住宅街の川沿いを愛犬と散歩中、5メートルほど前方の柵の上部がキラキラ（ヌメヌメ?）光っているのに気づきました。「何だろう?」と思いながら近づいて、まじまじと見てみると……、

①柵に絡まる大きな蛇がいました。

②柵に絡まる大きな蛇。

これは筆者の実体験なのですが、蛇など予想もできない住宅街でしたので、かなり驚きました。川に棲んでいるのが、柵のところまで上ってきたのでしょうか……。

さて、この出来事を表す①と②、少しニュアンスが異なりますね。

①は、事実を淡々と述べている感じです。それは「～いました」と述語まで言い切り、文を完全に終わらせていることに、（②と比べて）説明的な印象を抱くからでしょう。

これに対して②は、述語まで言い切ることができず、「～蛇。」のように名詞で文を終わらせるところに、「驚いて息を飲むような感じ」が表れています。すなわち、蛇に遭遇したときの「二の句を継げないほどの驚き」を、読み手も追体験できるわけです。実際、こんなところにいるはずがないという場所で蛇に遭遇したら、完全な文を作る心の余裕など吹っ飛んでしまいますよね……。

このような技法を「体言止め」と言います（体言とは名詞の別名です）。そして、体言止めには②のように、臨場感を高める効果があるのです。Beforeの第2文を見てください。

③当日の朝は残念ながら雨でした。

これは説明的で淡々とした印象です。そこで、体言止めを利用して、

④当日の朝は残念ながら雨……。

としてみます（ついでに、体言止めと相性のよい「……」も付けてみました）。こうすると、読み手も「朝起きて窓を開けたら雨が降っていた」ことを、「残念さのあまり言葉を失った」という感

覚とともに追体験できますよね。

体言止めは、文章にアクセントをつけてくれます。ただし、頻繁に使いすぎると、しつこくなってしまうので、ご注意……。

■重要な情報を隠しておく「倒置」

再び先ほどの「蛇」の出来事です。誰かに話したくてたまりません！

⑤散歩中、蛇を見たんですよ。

⑥散歩中、見たんですよ、蛇を。

この2文もニュアンスが異なりますが、どちらの方が面白みを感じられるでしょうか。

順当な語順の⑤は、やはり事実を淡々と伝えている感じです。これに対して、「蛇を」を後ろに移した⑥には、ちょっとしたクイズを仕掛けられたような、遊び心がありませんか。

例えば推理小説を読んでいて、犯人が分からないまま話が進み、「いったい犯人は誰だ？」というモヤモヤした気持ちが最大になったところで、一気に種明かしされると、まさに爽快ですよね。

それと同じです。

「散歩中、見たんですよ」とだけ言って、「蛇」という最も重要な情報を隠しておき、「いったい何を見たんだろう？」という読み手の期待を高めたところで、種明かしします。そうすれば、「蛇を見たときの驚き」を、読み手も追体験できることでしょう。

このような技法を「倒置」といいます。そして倒置には⑥のように、サスペンス感を高める効果があるのです。Before の第4文を見てください。

⑦私も課長と二人三脚に出場したんですよ。

これもやはり、説明的で淡々としています。そこで、倒置を利用して、

⑧私も二人三脚に出場したんですよ、課長と！

としてみます（ついでに、倒置と相性のよい「！」も付けてみました）。こうすると、例えば「あの堅物の課長が二人三脚に出場するなんて」といった驚きとか、あるいは「あのイケメンの／美人の課長とペアを組めるなんて」といった自慢とか、そういった気持ちを、読み手も追体験できるのではないでしょうか。

倒置もまた、文章にアクセントをつけてくれます。ただし、しつこくならないように注意しましょう、使いすぎには！

After

先週の社内運動会についてレポートします。当日の朝は、残念ながら雨……。でも、「運動会は中止かな」と思っていたら、みるみるうちに晴れて、無事に開催されました。私も二人三脚に出場したんですよ、課長と！

42 動きのある描写について
動詞を使ってアクティブに

Before

我が社のロングセラーに製品Xがあります。今回のプロジェクトは、様々な意見や苦情が寄せられていた製品Xの操作性を改善するために、設立されました。お客様の声への真摯な対応は、企業の信頼の獲得において非常に重要です。

製品Xの改善のために立ち上がった新プロジェクトの紹介です。これでも問題ない文章ではありますが、もう少し「動きのある描写」にしてみましょう。

■名詞は静的、動詞は動的

料理の作り方を説明しています。

①オーブンで焼いた牛乳と混ぜた卵を、ラップで包みます。
②卵を牛乳と混ぜてオーブンで焼いたのを、ラップで包みます。

両者はどちらも同じ作業ですが、受け取る印象は違いますね。①は「静的」で、②は「動的」という感じではないでしょうか。

①の「オーブンで焼いた牛乳と混ぜた卵」は、最後が「牛乳と混ぜた卵」という名詞（句）で終わっています（名詞修飾節）。名詞は「動き」を表さないので、①からは作業の流れが伝わってきません。実際、①では「オーブンで焼く」作業と、「牛乳を卵と混ぜる」作業の順序が、逆転して表現されていますね（20「語順について」も参照してください）。このような事情も、静的な印象を強めているでしょう。

一方、②の「卵を牛乳と混ぜてオーブンで焼いた（の）」は、「焼いた」という動詞で終わっています（形式名詞と呼ばれる「の」は、文法を整えるためだけに挿入されるもので、何ら意味を持っていません）。

（＊）ちなみに古文における準体法では「の」がありませんでした。つまり、動詞が形式名詞を伴うことなく、そのまま助詞に接続できたのです。現代語でも「聞く（の）は一時の恥、聞かぬ（の）は一生の恥」などとして残っています。また、「貼るは、サロンパス」というテレビCMがありましたが、これは準体法を利用したキャッチコピーですね。

動詞は「動」という字から明らかなように、「動き」を表します。したがって②では、まず卵を牛乳と混ぜて、次にそれをオーブンで焼く、という一連の作業が、一つ一つ手順を追うように表現されていきます。だからこそ、動的な印象を受けるわけですね。

どちらが良いとか悪いとかではないのですが、例えばテレビの料理番組であれば、ライブ感を伝えられる②の方が分かりやすいでしょう。最初に何をすればよいのか、次に何をすればよいのか、明示的に述べられていて、頭の中で順番をひっくり返したりしなくてよいからです。

ここでBeforeの第2文を見てみます。

③様々な意見や苦情が寄せられていた製品Xの操作性を改善するために～
④製品Xの操作性に様々な意見や苦情が寄せられていたのを改善するために～

③は静的、④は動的な印象です。寄せられた意見や苦情を一つ一つ検討していった結果、プロジェクト設立に至った、と実況中継のように伝えたいなら、④の方がふさわしいでしょう。

■「名詞」表現を「動詞」表現に

同じ意味を名詞と動詞で表せるときも、名詞は静的、動詞は動的という印象になります。道路標識では「停止」という名詞より、「止まれ」という動詞の方が、一瞬の判断が求められる場面において効果的なのは、そのせいでしょう。

さて、動詞には「スル動詞」と呼ばれるものがあります。これは名詞（多くは漢語）に「する」が付いて動詞になる、というタイプのものです。

⑤調査（名詞）→調査する（動詞）
⑥食事（名詞）→食事する（動詞）

Beforeの第3文を見てください。

⑦お客様の声への真摯な対応

⑧企業の信頼の獲得

これらは「対応／獲得」という名詞で終わりますので、静的な印象ですね。しかしここは「我が社の今後の活動」について言及する大切な箇所。もっとアクティブに描写したいところです。

⑨お客様の声に真摯に対応していく

⑩企業が信頼を獲得する

こうしてスル動詞に変換すると、動的な印象になりませんか。アクティブな文体は、アクティブな企業イメージにもつながることでしょう。

名詞的な表現は「正確さを期す」というメリットはあるものの、「動きが少ない」というデメリットもあります。ここぞというときには動詞的な表現に変換して、文章に「動き」を導入し、よりアクティブに表現してみましょう！

After

我が社のロングセラーに製品Xがあります。今回のプロジェクトは、製品Xの操作性に様々な意見や苦情が寄せられていたのを改善するために、設立されました。お客様の声に真摯に対応していくことは、企業が信頼を獲得する上で非常に重要です。

43 文末の単調さ（の解消）について

発想を変えて、文末を多彩に

Before

我が社は○○年に創設されました。以来、製造から販売まで一括して行ってきました。当初は数名だった社員も、現在では数百名になりました。とともに顧客数も、数社から数十社へと拡大しました。知名度も上がって、今や業界屈指の会社となりました。

会社の沿革を説明する文章です。書いてある内容は分かりやすいのですが、「〜ました」で終わる文ばかりで、ちょっと単調ですよね……。

■日本語の文末はパターンが少ない

日本語の「〜です」は便利で、これだけで文章を作ることもできます。

①私の名前は○○です。△△市在住です。趣味は音楽鑑賞です。

でも「〜です」が3回も連続すると、ちょっと単調ではありませんか。景色が変わらない道を、ひたすらドライブしているような……。試しに、①を英語に翻訳してみましょう。

②My name is ○○. I live in △△ city. My hobby is listening to music.

下線部を見ると、○○／city／musicとなっていて、「文末の単調さ」は生じないということが分かります。つまり①の単調さは、日本語が「述語が文末に来るタイプの言語」であるからこその問題と言えるのです。

では、この単調さを解消するには、どうすればよいでしょうか。それにはいくつか方法が考えられます。例えば「体言止め」は、その一つです。

③私の名前は○○。△△市在住。趣味は音楽鑑賞。

確かに（英語のように！）単調さを免れますが、すべて体言止めにすると「箇条書き」のようです……。そこで次の方法として、①の第2文を「～ます」に変えてみましょう。

④私の名前は○○です。△△市に住んでいます。趣味は音楽鑑賞です。

これなら箇条書きにならずに「景色」に変化をつけられます。逆に「～ます」が連続する場合は、

⑤私は○○と申します。△△市在住です。休日は音楽をよく聴いています。

のように、第2文を「～です」に戻してやればよいわけです。

日本語の（丁寧体の）文末は「です」と「ます」しかなく、非常に単調になりがちです。また、過去のことを表すときには、「でした／ました」と、今度は「た」ばかり続いてしまいます。これはもう、日本語の構造に由来する問題ですよね……。とはいえ、そうした制約の中で、いかに工夫

して多彩さを出すかということが、書き手の腕の見せどころとなっているわけです。

筆者自身は個人的に、①のように同じ文末が3回続いたら、それは「単調さのアラーム」だと思っています。そういうときは、もちろんすべてに対応できるわけではありませんが、できる限り、「です」と「ます」の交換や、次に見る方法などを用いて、多彩さが出るように心がけています。

■否定や推量など、他のパターンも

さて「～です」文も、発想を変えれば、「～ます」文に直すことができる（逆も然り）ということを見てきました。つまり「文末の単調さ」とは、「発想の単調さ」でもあるわけです。そのような観点から見直してみると、「～です」も「～ます」も「肯定かつ断定」という点では共通していますので、④⑤にはまだ単調さが残っています。そこで第2文を、否定や推量に変えてみましょう。

⑥私の名前は○○です。△△市在住で、通勤には30分もかかりません。趣味は音楽鑑賞です。

⑦私は○○と申します。△△市在住で、通勤時間は30分弱でしょうか。休日は音楽をよく聴いています。

こうすると、さらに文末（すなわち発想）が多彩になって、山あり、谷ありの、読み手を飽きさせない文章となりそうです。

また文末を変えるにあたっては、うまくつながっていくように、ときに内容を調整する必要も出てきます。⑥⑦では「通勤時間／休日の過ごし方」といった情報を付け加えてみました。このような工夫を通して、文章の内容そのものも、より豊かになっていくことでしょう。

（＊）何か文章を書かなければいけないのに「ネタが膨らまない！」と悩んでしまったら、是非この方法を試してみてください。「形から入る」とでも言えばよいでしょうか。これも立派なテクニック（裏ワザ？）です。筆者自身も実際、文末変更の作業を通して初めて、「通勤時間」や「休日の過ごし方」といった話題を思いつくことができました。

さて、ここでBeforeの文章を見てみます。「〜ました」が5回も連続していて、とても単調ですね。そこでAfterでは、様々な文末を適度に混ぜてみました。また、この文末変更を通して、「アットホームな雰囲気」や「まだまだ成長中」などの、新たな着想を得られました。起伏に富んだ「景色」を楽しんでいただけましたら幸いです。

After

我が社の創設は〇〇年に遡ります。以来、製造から販売まで一括して行ってきました。当初は数名だった社員も、現在では数百名。でも、アットホームな雰囲気は変わりません。顧客数も数社から数十社へと拡大し、まだまだ現在も成長中です。知名度も上がって、今や業界屈指の会社と言ってもよいでしょう。

44 多様な文のタイプについて

平叙文・疑問文・感嘆文・命令文は四つの表情

Before

取引先で歓談中、ある製品が運び込まれてきました。何かと思ったら、それは企画中の試作品でした。機能的に優れているだけではありません。デザインも素敵です。ぜひ我が社も、その企画に参加させてほしいと思いました。

取引先での出来事を述べた文章ですが、もう少し「文章の喜怒哀楽」を出したいなあ、と思います。どのように改善すればよいでしょうか?

■文には四つのタイプがある

まずは文の四つのタイプ(平叙文・疑問文・感嘆文・命令文)について、順に見ていきましょう。

平叙文

最も普通のタイプの文です。出来事や状態をそのまま述べ、「情報を概念化する」という機能を持ちます。基本的に「XはYである/XはYをする」という形式で表せるものです。

①私は、犬が好きです。

②昨年、富士山に登りました。

文章の骨格を作り上げ、話を進めていくのに不可欠な存在です。自分以外は読まない日記でも用いられるように、聞き手（読み手）の存在が必ず前提となるわけではありません。

疑問文

話し手が概念化したい情報に不確実な点があるので、それを解消するために、さらなる情報を求める文です。基本的に「XはYであるか／XはYをするか」という形式で表します。

③あなたは犬が好きですか？

④もう富士山には登りましたか？

こういう発話をするということは、それを受け止めて回答する相手がいる、ということに他なりません。したがって疑問文では、聞き手（読み手）の存在が前提とされています。

感嘆文

驚きの気持ちを交えつつ、話し手の強い感情を表出する文です。「（Xは）なんてYなのでしょう！／Yをするなんて！」といった形式をとり、Xについての心情を吐露しています。

⑤なんて賢い犬なのでしょう！

⑥10回も富士山に登ったなんて！

印象深い事態や出来事に接したとき、独り言のように、思わず口をついて出るものです。誰かに情報を伝えようという意図はなく、聞き手（読み手）の存在は前提とされません。

命令文

「XはYをする」という話し手が思い描く事態があって、その事態の実現を「（Xは）Yをしろ

／しなさい」という形式で要求する文です。ここでは、依頼文も命令文に含めます。

⑦（犬に）お座りしなさい。

⑧今度、富士山に連れて行ってね。

こういう発話をするということは、その指示を実行する（可能性がある）相手がいるということに他なりません。したがって命令文は、聞き手（読み手）の存在を前提とします。

以上、四つのタイプの文を概観しました。これらを「情報の概念化／聞き手の存在」という基準で分類すると、下のように整理できます。

		情報の概念化	
		○	×
聞き手の存在	×	平叙文	感嘆文
	○	疑問文	命令文

■四つのタイプで文章の表情を豊かに

文の四つのタイプは「喜怒哀楽」という言葉を思い起こさせますね（こちらもちょうど四つですし）。犬は表情が豊かです。散歩だと感づくと口を大きく開けて喜びます。おもちゃを取ろうとすればウーと唸って怒ります。留守番しなければいけないときは上目遣いで哀しみを表します。友達犬に会ったら目をキラキラさせて楽しそうです。どんな瞬間も、本当に見ていて飽きません。ときには文章も、そうありたいですね。喜怒哀楽に富んだ、読み手を飽きさせない文章を……。

そこで、この四つのタイプをBeforeに当てはめ、表情を豊かにしてみたのがAfterです。

Beforeでは取引先への働きかけがありませんが、Afterでは疑問文や命令文を用いて、取引先からの応答を要求し（そういう体裁をとり）、文章の世界に取引先を巻き込んでいます。

⑨何かと思ったら、それは企画中の試作品でした。

↓えっ、これは何ですか……？　それは企画中の試作品でした。（疑問文）

⑩ぜひ我が社も、その企画に参加させてほしいと思いました。

↓ぜひ我が社も、その企画に参加させてください！（命令文）

⑪デザインも素敵です。

↓なんて素敵なデザインでしょう。（感嘆文）

またBeforeでは、あくまで「デザイン＝素敵」という情報を述べるにとどまりましたが、Afterでは感嘆文を用いて、それを書き手の心の叫びとしてチラリと垣間見せています。

このように表情が豊かでにぎやかな文章も、面白みがあって、ときには良いと思いませんか？

After

取引先で歓談中、ある製品が運び込まれてきました。えっ、これは何ですか……？　それは企画中の試作品でした。機能的に優れているだけではありません。なんて素敵なデザインでしょう。ぜひ我が社も、その企画に参加させてください！

45 冗長な表現について
おトクに冗語を言い換える

Before

先週の日曜日、高尾山に登ってきました。そして高尾山で、心地よい秋風に吹かれました。頂上からの景色は、何物にも代えがたい美しいものでした。私にとって「山登り」とは、幸福感を感じられる大切なイベントです。

この文章では高尾山に登ったこと、そして山登りの意味について説明しています。いくつか冗長な表現がありますが、どのように改善すれば、効果的な表現に変わるでしょうか?

■同じ語句は繰り返さない

①頭痛が痛いので、早退してもよろしいでしょうか。

上司に①のように尋ねたら、多分あきれられることでしょう。このような冗長な表現は「冗語《じょうご》」(あるいは重言《じゅうげん》)と呼ばれます。他にも「馬から落ちて落馬して」などなど、クスッと笑ってしま

います ね。

①のような冗語は、いかにも駄洒落っぽくて、実際には冗談としてしか使われそうもありませんが、その一方で、あまりに慣用化されていて、その他の表現が思いつかないものもあります。

②歌を歌うのも聴くのも好きです。

①の「頭痛が痛い」は「頭痛がする」と言い換えられますが、②の「歌を歌う」は「歌をする」などと言い換えられません。つまり、これしか言いようがないのです。

すなわち、冗語には「駄洒落」系と「慣用表現」系があるわけです。前者は避けた方が無難ですが、後者はそのまま使って問題ありません（というか、使うしかないですね）。

ところで、「駄洒落」系でも「慣用表現」系でもない冗語も、数多くあります。その典型と言えるのが、Beforeの第4文の「〜感を感じる」でしょう。この場合、「感」が重複していることによる冗長さを、解消しなければなりません。その方法は二つあります。一つめは、最初の語句を修飾して、より細かい表現にすることです。

③幸福感を感じる。

④ちょっとした幸福感を感じる。

いかがですか。③より、④の方が自然ですよね。それは、最初の語句をより細かい表現にすることで、「繰り返し感」が薄らぐからでしょう。二つめの方法は、動詞の変更です。

⑤幸福感を覚える／得る／味わう……

このように「感じる」とは異なる動詞を選べば、繰り返し感がなくなるだけでなく、新たなテイストも加わって、おトクな表現になりますね。他にも「色が変色する／後で後悔する／犯罪を犯す」などなど。読者の皆さんだったら、どのように言い換えますか？

■言い換えによって重層的イメージを

冗語とまでは言えないけれども、同じ語句をただ繰り返すのは「芸がないなあ」ということもあります。

⑥日本国憲法では「勤労の義務」が規定されている。と同時に、日本国憲法では「勤労の権利」も謳われている。

もちろんこのままで、文章として問題はないのですが、「日本国憲法」をただ繰り返すのは、ちょっともったいなくないですか。もう少し工夫してみたいところです。そこで、

⑦日本国憲法では「勤労の義務」が規定されている。と同時に、この国家の最高法規では「勤労の権利」も謳われている。

などとすれば、別の角度からのイメージも喚起することができます。

今、この文章を読んでいる読者（冗語？）の皆さんは、⑥を読んだとき、「憲法＝国家の最高法規」ということを、（当然知っているけれども）意識しなかったのではないでしょうか。

それが⑦によって喚起され、「日本国憲法」に「国家の最高法規」という「峻厳なイメージ」が

重ねられます。このようにして出来上がった重層的イメージは、読み手の想像力をより豊かにしてくれることでしょう。

Beforeの第1～2文を見てください。

⑧先週の日曜日、高尾山に登ってきました。そして高尾山で、心地よい秋風に吹かれました。ここでは「高尾山」が繰り返されていて、ちょっと単調です。そこで2回目で、高尾山の「天狗信仰」に触れてみましょう。

⑨先週の日曜日、高尾山に登ってきました。そしてこの天狗信仰の霊山で、心地よい秋風に吹かれました。

こうすれば、観光地としての高尾山とはまた違った一面を、垣間見ることができますね。そして、高尾山に重ねられた「霊験あらたかなイメージ」によって、読み手の印象に深く残ること、間違いなしでしょう。

繰り返しを避ける。それは同時に「おトク」でもあるのです。

After

先週の日曜日、高尾山に登ってきました。そしてこの天狗信仰の霊山で、心地よい秋風に吹かれました。頂上からの景色は、何物にも代えがたい美しいものでした。私にとって「山登り」とは、ちょっとした幸福感を味わえる大切なイベントです。

46 比喩表現について
隠喩や換喩で重層的に

Before

製品Xの大ヒット、本当にうれしい限りです。Xの開発過程は大変苦しいものでしたが、この出口の見えない開発過程をくぐり抜けたことによって、一回り成長できた気がします。この経験を糧にして、また明日から、次なる大ヒットを目指して邁進していきます。

大ヒットした製品Xについての後日談です。同一名詞の繰り返しが2か所ありますが、それを比喩によって回避すると、どうなるでしょうか?

■類似性に基づく隠喩（metaphor：メタファー）

『You Are My Sunshine』（あなたは私の太陽だ）という有名なポピュラーソングがあります。これについて「太陽とは太陽系の恒星のことであるから、この命題は論理的に成立しない」などと反論する人はいませんよね。もちろん「太陽」は「恋人」の比喩です。

①太陽は地上の生物に恵みをくれる
②あなた＝恋人は私に幸せをくれる

この現象の類似性が「太陽」と「あなた」を結びつけるのです。こうした類似性に基づく比喩を、隠喩《いんゆ》（メタファー）といいます。

ではなぜ「あなたは私の太陽だ」などと、回りくどく言うのでしょうか。それは①と②のイメージを重ね合わせることで、表現に広がりや奥行きを持たせるためです。このことを「重層的な表現効果」と呼んでおきましょう。

文学的な作品だけでなく、日常会話にも隠喩は満ちあふれています。

③ちょっとしたミスで瞬間湯沸かし器（課長）に怒られてしまった。
④このデータ処理、うちのコンピューター（山田君）に任せよう。

③では「給湯室の湯沸かし器が湯気を立てている」ような、④では「電算室のコンピューターがカタカタ計算している」ような、そんな情景が浮かんできて、クスッとしてしまいませんか。

ここでBeforeの第2文です。

⑤Xの開発過程は大変苦しいものでしたが、この出口の見えない開発過程をくぐり抜けたことによって〜

このように「開発過程」という名詞を繰り返すと、くどいですし、そもそも面白みもありません。そこで、隠喩を用いて「ジャングル」としてみましょう。

⑥Xの開発過程は大変苦しいものでしたが、この出口の見えないジャングルをくぐり抜けたことに
　よって～

こうすると、「鬱蒼《うっそう》とした深い茂みの道なき道」といったイメージが、まるで映画のワンシーンのように立ち現れて、「開発過程」に重なってきますね。

■隣接性に基づく換喩（metonymy：メトニミー）

⑦今夜は寒いから、仕事帰りに鍋でも食べていきませんか。

このように誘われて、「鍋の素材は鉄とか土ですから、そんなの食べられるわけがないでしょう」などと答える人は嫌われてしまいますね。言うまでもなく、実際は「鍋の中身」（鶏肉とか白菜とか）を「鍋」で指しているのであって、これも比喩です。

ただしこれは隠喩ではありません。「鍋の中身」と「鍋」は空間的に隣接していて、それが両者を結びつけるのです。このような隣接性に基づく比喩を、換喩《かんゆ》（メトニミー）といいます。

漱石の『坊ちゃん』に登場する「赤シャツ」などは、換喩の典型例です。皆さんも「あのメガネ（上司）、ほんとにうるさいなあ」などと耳に／口にしたことがあるのではないでしょうか……。

さて、Beforeの第3文では、第1文の名詞「大ヒット」が繰り返されています。

⑧製品Xの大ヒット、本当にうれしい限りです。～また明日から、次なる大ヒットを目指して邁進していきます。

ですが、やはりここも、もう一工夫ほしいところ。そこで2回目を「勝利の美酒」としてみます。

⑨製品Xの大ヒット、本当にうれしい限りです。～また明日から、次なる勝利の美酒を目指して
　邁進していきます。

こうすると、例えば祝杯のシャンパン（人によっては日本酒とかビールとか）の映像が重なってきて、イメージが豊かになりませんか。

「大ヒット」と「美酒」とは、空間的には隣接していませんが、時間的に隣接しています。つまり「大ヒットを収める→美酒に酔う」という時間的な前後関係です。したがってこれも換喩に他なりません（ちなみに「トイレ」を「お手洗い」というのも同様です。「用を足す→手を洗う」という前後関係を利用しているわけです）。

同一語句の繰り返しに飽きたら、隠喩や換喩で指示対象をずらして、重層的な表現効果をねらってみましょう！

After

製品Xの大ヒット、本当にうれしい限りです。Xの開発過程は大変苦しいものでしたが、この出口の見えないジャングルをくぐり抜けたことによって、一回り成長できた気がします。この経験を糧にして、また明日から、次なる勝利の美酒を目指して邁進していきます。

47 形容詞・副詞の精度について

原色ではなく、複雑な色合いを

Before

今月の業績ランキング、ライバルの小川さんに抜かれてしまって、本当に悔しい気持ちでいっぱいです。先月、私がトップに立ったときは、本当に嬉しく思ったものです。来月は絶対に返り咲きますので、楽しみにしていてください!

社内での業績ランキングをめぐって上司に書いたメールの文章です。「悔しい／嬉しく」という箇所、もうちょっと詳しく描写したいのですが……。

■形容詞は原色?

あなたは絵の具で「秋の風景」を描いています。秋と言えば紅葉です。様々な色に満ちあふれる山々。しかしあなたは「常緑樹は緑、色づいた木々は赤か黄」というように、大胆にも3色で塗り分けています……。う〜ん、とってもカラフルで、ある意味きれいではあるのですが、なんだか、信号みたいになってしまいましたよ。

言うまでもなく、緑・赤・黄という原色ばかり使うから、こんなふうになってしまうのですね。よく観察すれば分かるように、緑で塗りつぶした木々も、薄い緑から濃い緑まで、明るい緑から暗い緑まで、様々な色合いを含んでいます。同じく赤い紅葉も、そして黄色い紅葉も、複雑な色合いを帯びています。パレットで複数の絵の具を混ぜ合わせて、いろいろな色を作り出せばよかったのに……。

この絵の具の色についての話、実は文章における形容詞についても当てはまります。つまり「悔しい／嬉しい」といった形容詞を単体で使った場合、それはまさに原色であって、のっぺりとした印象を醸し出してしまう、ということです。

「嬉しい」といっても、いろいろな「嬉しい」があります。「日本人がノーベル賞を受賞した」という「大きな嬉しい」から、「今日の夕飯は大好きなカレーライスだ」という「ささやかな嬉しい」まで。「散歩で飛び跳ねる犬」のような「楽しくて嬉しい」から、「親友が出世したけど遠い存在になった気がする」という「寂しげな嬉しい」まで。こんなにたくさんの感情を、「嬉しい」の一言で片づけることはできませんよね。

■形容詞を混ぜたり、使わなかったり

さてBeforeの第1文には「悔しい」とありますが、これも原色です。
①ライバルの小川さんに抜かれてしまって、本当に悔しい気持ちでいっぱいです。

まず一つめとして、「形容詞を混ぜる」という方法を用いて、複雑な色合いを出してみましょう。

②ライバルの小川さんに抜かれてしまって、悔しいような、でも彼女の頑張りを知っているから嬉しいような、そんな気持ちでいっぱいです。

いかがですか。ここでは「悔しい」と「嬉しい」を混ぜてみました。こうすると、原色ののっぺりとした印象から脱却できますね。私と小川さんの関係性が、リアリティを帯びて伝わってきます。

次にBeforeの第2文ですが、「嬉しく」とあります。これも先の「悔しい」と同様、やはり原色です。

③先月、私がトップに立ったときは、本当に嬉しく思ったものです。

ここでは二つめとして、「あえて形容詞を使わない」という方法を試してみましょう（先ほどの②で「嬉しい」を使ったので、重複を避けることもできます）。

④先月、私がトップに立ったときは、自分へのご褒美として、今まで気になっていた特大ケーキを買って帰ったものです。

形容詞ではなく、「特大ケーキを買って帰った」という行動そのものに、そのときの感情を語らせています。このようにすると、ケーキ屋さんの店頭で、自分自身への誇らしい気持ちを胸に、大好きなケーキを選んでいる、そんな情景が目に浮かんできませんか。ときには形容詞を用いるよりも雄弁に、そして繊細に描写できることもあるのです。

ここまで見てきたことは、もちろん副詞にも当てはまります。

⑤その男は、のそのそと歩いていた。
⑥その男は、しっかりとした足取りで歩いていた。
⑦その男は、のそのそと、しかし、しっかりとした足取りで歩いていた。
原色の⑤⑥より、混ぜ合わせた⑦の方が、描写の精度が高まりますね。あるいは、
⑧夕暮れの凍った湖面を、慎重に歩いた。
⑨夕暮れの凍った湖面を、一歩一歩、足もとを確かめながら歩いた。
においては、原色の⑧より、副詞をあえて使わない⑨の方が、臨場感が強く伝わってきます。
ちょっと描写が単調だなあと感じたら、まずは形容詞や副詞の使い方をチェックしてみると、突破口が開けるかもしれません。秋の美しい風景は、原色の信号ではなく、繊細な色づかいで描きたいものですね。

After

今月の業績ランキング、ライバルの小川さんに抜かれてしまって、悔しいような、でも彼女の頑張りを知っているから嬉しいような、そんな気持ちでいっぱいです。先月、私がトップに立ったときは、自分へのご褒美として、今まで気になっていた特大ケーキを買って帰ったものです。来月は絶対に返り咲きますので、楽しみにしていてください!

48 語用論的意味について

一部分しか言わないで推測させる

Before

> いつも大変お世話になっております。あさっての会議ですが、急用が入ってしまいました。また、貴社から打診のあった例のプロジェクトですが、ちょっと今回は参加が難しそうな状況です。

交流のある他社の担当者に右のメールを送りました。ただし意図が正確に伝わるかどうか、やや心もとないですね。どうすればよいでしょうか?

■「時間がない」って、どういう意味？

①今朝は寝坊して時間がなかったので、朝食を抜いてしまいました。

②宇宙はビッグバンによって始まったという。ビッグバンより前には、時間がなかったと考えられている。

①②の傍点を付した部分は同じフレーズですが、①は「何かをする時間を確保できなかった」、②は「時間という現象が存在しなかった」という、まったく異なる意味で使われています。

言葉は、文脈や場面に依存して、意味が変容していきます。すなわち、文字通りの「時間がなかった」を解釈するとき、その文脈や場面にふさわしい意味（何かをする時間を確保できなかった／時間という現象が存在しなかった）が推測されるということです。

こういうことを説明する理論を「語用論」といいます。また、それぞれの文脈や場面によって推測される意味を「語用論的意味」といいます。

「お茶漬でもいかがですか?」と聞かれたので「はい、お願いします」と答えたが、一向に出てこない。それは実は「そろそろ帰ってほしい」という意味だった——といった類のエピソードを聞いたことがあるかと思います。これも語用論的意味ですね。

他にも「この部屋、暑いですね」と言って、実は「クーラーをつけてもらいたい」と要求していたり、授業に遅れてきた学生に「ずいぶん早いね」と言って、実は遅刻を非難していたり……。私たちの日常は、語用論的意味であふれているのです。

■その意図は必ず正確に伝わる?

Beforeの文章にも、語用論的意味を推測させるフレーズが二つあります。まず第2文です。

③あさっての会議ですが、急用が入ってしまいました。

この文で伝えたいことは、いったい何でしょうか。つまり、書き手は会議に欠席するのか、遅刻するのか、あるいは代理人を出席させるのか……。はたまた、急用が入っただけで、会議には最初から最後まで出席できる、という解釈さえ不可能ではありません。

読み手に正確に推測してもらえる保証はないのです。ましてやビジネス場面ですから、ここは語用論的意味に頼らず、きちんと書いておきたいところです。

④急用が入ってしまったので、欠席させてください。代理として佐藤が出席いたします。

こうすれば、誤解される余地はゼロになるでしょう。

とはいえ、ビジネス場面を離れれば、語用論的意味も有効活用できます。例えば、デートの約束をしたものの、どうしても気が進まないとき。

⑤ごめんなさい。あさってのデートだけど、急用が入ってしまって……。

あとは推測してください、ということですが、これなら「あなたとはデートしたくない」と明言するよりは、相手を傷つけなくて済むかもしれません……。

もう一つ、第3文を見てみましょう。

⑥例のプロジェクトですが、ちょっと今回は参加が難しそうな状況です。

これを読んだ相手は、自分は断られているのだろうか、それとも難しそうな状況だけれども、最終的にはOKなのだろうかと、悩んでしまうかもしれません。また、国際化が進んでいる現在、相手が外国人である可能性もあります。日本語を母語としない人であれば、なおさら（日本語の）語用

論的意味の推測は難しいでしょう。語用論的意味は、それぞれの言語や文化によって異なり得るからです。そこで、

⑦例のプロジェクトですが、今回は大変残念ながら、参加を辞退させていただきたく存じます。ここまで明確に書けば、さすがに誤解されないでしょう。ただ、やはりビジネス場面を離れれば、語用論的意味の出番もありそうです。例えば、あまり親しくない知人にお金の無心をされたら、

⑧ちょっとそれは難しいなあ……。

とだけ言って、あとは推測してもらうしかありません。さすがに「返してもらえるか不安だから、貸したくないなあ」とは言えませんからね……。

言いにくいことは一部分だけを言って、あとは推測してもらいたい。それが語用論的意味の動機（の一つ）です。しかしビジネス場面では、なかなか語用論的意味は伝わりにくいもの。きちんと正確に表現することは、お互いのためでもあるのです。

After

いつも大変お世話になっております。あさっての会議ですが、急用が入ってしまったので、欠席させてください。代理として佐藤が出席いたします。また、貴社から打診のあった例のプロジェクトですが、今回は大変残念ながら、参加を辞退させていただきたく存じます。

金井勇人（かない・はやと）
1971年、東京出身。早稲田大学大学院文学研究科博士後期課程単位取得退学。博士（埼玉大学）。現在、埼玉大学大学院人文社会科学研究科教授。専門は日本語学・日本語教育。留学生に対する日本語、および学部生・大学院生に対する日本語学の授業を担当。主な著書に『なにげにてごわい日本語』（共著・すばる舎）、『日本語文章チェック事典』（分担執筆・東京堂出版）、『日本語の大疑問』（分担執筆・幻冬舎新書）など。

ビジネス必携《ひっけい》 伝《つた》わる文章《ぶんしょう》の裏《うら》ワザ・表《おもて》ワザ

著者◆
金井 勇人

発行◆2023年8月20日 第1刷

発行者◆
大下 正

発行所◆
経団連出版
〒100-8187 東京都千代田区大手町1-3-2
経団連事業サービス
電話◆［編集］03-6741-0045 ［販売］03-6741-0043

印刷所◆そうめい コミュニケーション プリンティング

ISBN978-4-8185-1949-7 C2034